が折れない働き方

ブレない強さを身につける法

岡野雅行

青春新書
INTELLIGENCE

はじめに（新書版に寄せて）

いったいいつから、「心が折れた」なんて、大の男が平気で言うようになったんだ？　まぁ、日本もいろいろあって大変な時代になってるから、ポーカーフェースでガマン重ねてつぶれちゃうよりいいかもしれないけどさ。

俺は今まで、人が「不可能」「できっこない」と言ってきた仕事を請け負ってきた。例の「痛くない注射針」（九六ページ参照）だって、大学の物理学の教授に「物理的に不可能」と太鼓判押されたけど、完成させた。

そりゃ試行錯誤や失敗の連続だったけど、一度だって「心が折れそうだ」なんて思ったことはない。

なぜかっていうと、「他の人が絶対できないものをつくろう」「人と違うものをつくる！」という気持ちが俺を突き動かしてるからだ。その気持ちがブレることはないから、折れそうになんてならなかったんだと思う。

一昔前みたいに、「そのうち景気は良くなる」なんて呑気に信じてる人は、もういないよな。日本は、落ちるところまで落ちないと、ダメだと思う。「いつ上がるかな……」なんて夢みたいなことを言ってても仕方ないんだ。

俺が「人にできないものを！」という気持ちをエンジンにして突っ走れたように、どんな気持ち、目標を自分で持てるかが、人生を決めるんじゃないかな。

かといって、ただ真面目に歯をくいしばれってんじゃない。俺がそんなこと言うわけないだろう？

真面目にやってるだけじゃ人生、おもしろくないもんな。

仕事ってのは、きれいごとじゃない。人間の美醜含めたトータルな勝負だ。そこでどうすれば勝てるか。いちいち「心が折れた」なんて言わずに、うまいメシを食い、良い酒を飲めるか。

頭を使うんだよ。学校も上司も、こんなことは教えてくれないよな。この本では、そこのところを読み取ってほしいんだ。

岡野雅行

はじめに

「痛くない注射針」をつくったころから「世界一の職人」なんて呼ばれるようになって、こそばゆい思いをしてんだ。もちろん俺から言ってるんじゃなくて、言われっぱなしなんだけどさ。でも、誤解してもらっちゃ困るんだよ。「針で運良く一発当てた」なんて思われちゃ、俺もひとこと言いたくなっちゃうわけだ。

俺は投資も資産運用もやらない。でもおかげさまで、「針」つくる前から、本業でたっぷり稼がせてもらってる。

そうやって長年、世間を見てるとよくわかるけど、仕事の一番の決め手は「情報」だ。そして、それを持ってきてくれるのは「人」なんだな。ネットや学校の類には、建前やきれいごと抜きの「ホントの情報」はないぞ。ホントのってのは、「俺たちの運命を、人生を変えちゃうような情報」のことだ。最近じゃ「インテリジェンス」なんて言うらしいな。

たとえば、

「A社とB社で、どっちの規格が世界標準になるかモメてたが、水面下ではA社で決まりらしい。正式発表は三カ月後だそうだ」

これを知らずに、B社の部品をノホホンと三カ月つくっててみなよ、売れ残りの山になって被害甚大、泣いても泣ききれないだろ?

こういう「人生を変える情報」を最速で持ってくるのは、いつの時代も「人」なんだ、忘れちゃいけないよ。メディアに乗ってから知ったんじゃ遅いの! だから俺は日ごろから「人生を変える情報」を持ってる人、それを運んでくる人は、心底大事にしてる。

同時に、俺が人様から情報をもらえる人間、「岡野にはこの情報を話してやろう」と思われる人間になるように、いろいろやってきた。

・ガードが固い人より「ナメられやすいヤツ」になれ
・「あいつがいると座が盛り上がる」と言われる人になるコツ
・実力者に「こいつには、ダマされてやろう」と思われるのは、どんな人か

・水面下の「決定的情報」をかぎ分ける「察しのよさ」を磨く方法
・「人が寄ってくるオーラ」は、どうすれば身につくか
・本業以外の「芸」が、本業に大差をつける！

――学校や職場じゃ、みんなこの逆を教わってきてるんだろうけど、こんな人になってみなよ。ほっといても「おいしい情報」が集まってくるし、「この話は、あいつに言わないわけにはいかない」って思われる存在になれるよ。

最近じゃ、派遣切りだ残業代カットだと騒がしいよな。副業したり会社に隠れてバイトって人も多いらしいな。俺はそれをどうだとは言わないよ。ただ、より大きなリターンが欲しいなら、「二つの条件」が揃ってなくちゃ始まんない。

まずは仕事の「腕」をピッカピカに磨くことが第一で、腕がなきゃお話になんない。もうひとつが「情報」。

車の両輪みたいなもんで、どっちが欠けてもダメだよ。この本では、「両輪」を磨きあげるために必要な大きな柱について、それぞれを章に分けて書いた。

「情報戦」と言うように、仕事は闘いだ、戦争だよ。美醜含めた人間力を、まるごとテーブルに乗っけてやるゲームなんだ。きれいごとじゃないから「性善説」じゃダメだし、MBA取ったから、東大出たから勝てるってもんじゃない。**寝技、足技、ほめ殺し、塩漬け、リーク、外堀埋め、水攻め、兵糧攻め、裏切り……何でもアリなんだ。だから「やられる前にやる！」っていう気迫と手練手管を持ってなきゃな。**

「針」をつくってたとき、抵抗勢力にツブされかけた。俺はとっておきの裏ワザを使って黙らせた。こういう心理戦や、「情報を盗まれたときのカタキのとり方」も書いたから参考にしてくれよ。

最後にもうひとつ。話は「情報」に戻るけど、さっきのが基礎だとしたら応用編もある。「人生を変える情報」をとるには、日々の経験を「センス」として血肉にできなきゃな。たとえば、「新技術を開発したら、特許さえとれば安心」なんて思ってないか？　残念ながら世の中そうはいかないんだ。だから俺は大企業と共同で取る。そうして権利を守る。これはいわば「ディフェンス」だな。

しかし最大のメリットはその逆、「オフェンス」ができるってことだ。わかるかい？ ビジネスの第一線で活躍してる人や、政府の関係者は、世界の特許書類を見る機会がけっこうあるんだ。そんなとき、
「世界的大メーカーの特許書類にしょっちゅう出てくる『岡野工業』って何者だ？」ってことになるんだ。こういう疑問は、一度わいちまったら早く答を知りたくなるだろ？ わからないと落ち着かないもんな。だから周りに聞いたりするし、ウチが社員五人の町工場だなんて知ったら驚きも加わって、人に話しまくったりする。第一線のキーマンがだよ。
こんな強力なＰＲ、どんなにカネかけたってできやしないよ。それをこっちがお願いもせず、一円もかけてないのにガンガンやってくれるんだ。一人で特許とるより、はるかにいいだろう？

本文にいろいろ書いたけど、こういうことを知っときゃ、心が折れたりしないで、自分のやりたいように仕事ができるようになるんだよ。なんてったって中学中退の俺ができたんだから、みんなにできないわけないんだよ、ほんとの話。

東向島にて　　　　　　　　　　　　　　　　**岡野雅行**

心が折れない働き方　目次

第2講 「何倍も返ってくる」カネの使い方を知っておけ！

第5講 「馬鹿も詐欺師も使いこなす」ヤツになれ！

第6講　「人がやらないこと」にチャンスがある！

第7講　「世渡り力」があれば、自分にしかできない仕事ができる！

企画協力＝小村昌弘
写真撮影＝蘆田　剛

第1講

目先のカネより
「自分の明日を変える情報」を追え！

相手の急所を押さえる情報のとり方

仕事は相手にのまれたら負けだ。

優位に立つには情報を押さえることだね。

情報といったって、インターネットをちょっとみれば、誰にでもすぐ集められるレベルの情報じゃ、なんの役にも立たないよ。情報は最新であって、かつ生きてるもんじゃなきゃダメだね。

最新情報は、大企業の第一線にいる人間が発信源だ。その発信源と日ごろからつきあうってことが大事なんだ。

彼らはお宝情報をたくさん持ってる。今後どんな技術が世界を制するとか、一時話題を集めた新素材が実はもう無用の長物だとか。言ってみれば、将来、先がない分野とばら色になる分野を知ってるんだ。

NANOPASS
33
金型の設計・製作
分野で、不可能を
リチウムイオン
期的な

ほかのところに先がけてそれがわかったら、こんな強みはないだろう？　**利益をあげるにも情報は必要だよ。どうしても欲しい技術や製品だったら、相手はいくらでも金を出す。情報があれば、こっちが値段をつけられるんだよ。**「優位」なんて生易しいもんじゃない。ここまでくれば、生殺与奪を完全に握ってるって状態だ。

情報がなかったらそうはいかねぇや。それぱっかりじゃない。どのくらいの値段なら企業が買ってくれるかわかんないから、相手の顔色を窺《うかが》うことになる。

「このくらいの値段を言っとくか。いや、これじゃ高いと思われるかな……」

って具合だよ。その結果、「いくら出してもいい」と思われている技術を、安い値段で売っちまうことになるんだ。俺のところみたいに、

「この値段だよ。いやならいいんだよ。他をあたんな」

とはいかないわけさ。

俺なんか、顔色なんか見たことねぇもん。

つねに最新情報をつかんでりゃ、最先端の仕事ができるし、最先端の仕事をしてると、最新情報が向こうから入ってくるんだ。こんないい循環はないよな。だから、社員五人の岡野工業にＮＡＳＡの関係者が訪ねてくる、なんてすごいことが起こるんだ。

車のバンパーにとりつけられてる超音波センサーのケースもうちが開発したもんだけど、この世界シェアは八〇％あるんだよ。世界中の車のほとんどが、うちのつくった部品をくっつけて走ってるって考えたら、おもしろいなんてもんじゃないね。

見るんなら、目の前の取引先の顔色じゃなくて、五年先、一〇年先を見なくちゃな。

俺には五年先、一〇年先の世の中がどうなってるか見えるね。もちろん、それにあわせた開発も怠りなくやってるよ。

オフレコ情報が集まってくるわけ

いちばんおいしいのは、なんたってオフレコ情報だ。俺は〝来る者は拒まず〟を地でいってるから、うちには引っ切りなしに人が出入りしてる。遠くから来る人もいりゃ、近所の友だちもいるけど、いつもわいわい、賑やかなんてもんじゃないね。

ホンダの「ワイガヤ会議」は有名だけど、言ってみりゃ、その東向島・岡野工業バージョンだな。堅苦しい会議なんかより、このほうがずっといいよ。

じつはこれが情報センサーなんだ。さまざまな業界で仕事してるいろんな人が集まりゃ、情報も集まる。みんな肩の力が抜けてるし、気心も知れてるから、オフレコ情報だってポンポン飛びだすね。五年後、一〇年後に世に出て、みんながびっくりするようなモノや技術の情報も、俺はいくつも握ってる。いまは言えないけど、楽しみにしててくれよ。

俺は情報では苦労してる。まだ金型だけをやっててプレス（金型をプレス機にとりつけて、製品や部品をつくること）を始める前は、企業の情報なんかこれっぽっちも入ってこなかったんだ。大手メーカーと直接つきあってるのはプレス屋だから、プレス屋には情報が入るんだよ。どんな製品の発注を受けたかで、その大手メーカーが考えてることも、これからの時代をどう捉《とら》えているかも、わかるわけさ。

プレス屋としちゃ、「今度はこんなモノをつくりゃ儲かるな」と対策が立てられるわけだよな。でも、金型屋はそうはいかない。プレス屋からの注文品をただつくってるだけだからな。**俺が掟破《おきてやぶ》りをしてでもプレス屋になろうと思った理由は、「情報を手に入れられる立場にならなきゃ、いつまでたっても浮かばれないじゃないか！」ってのがいちばん大きかったんだ。**いまの岡野工業には人が羨ましがる情報がいっぱい入ってくるけど、原点はそこから始まってるんだよ。

入った情報は出さなきゃいけないよ。昔、ある人に「情報は交換するためにあるんだよ」って教えられたんだ。「情報は欲しいけど、人には教えたくない」なんてケチな根性じゃ、すぐに情報は入ってこなくなる。**入口も出口もおんなじように開けておく。そうやって風通しをよくしておかなきゃ、情報ルートはつまるね。**

情報交換といったって、何も難しく考えることはないんだよ。相手の役に立つことを教

えてあげりゃいい。「本屋をのぞいたけど、岡野さんの本が売りきれちまってなかったよ」なんて情報を俺にくれたら、すぐ出版社に連絡して補充できるだろ。俺にとっちゃ、十分役に立つ情報だ。ただで帰しやしないよ。こっちもそいつが喜びそうな情報満載の世間話の一つも聞かせるってことになるよな。

「情報を持ってる人、くれる人は大事にする」ってのが鉄則だ。はっきり言えば、ケチケチせずにカネをつぎ込めってことだよ。これは絶対頭に入れとかないといけないよ。しみったれてちゃ、先は知れてるね。俺の知ってる会社で、「飲み食いに金を使うなんてもったいない」なんて、せこいところがあるんだ。得意先がわざわざ遠方から田舎の工場に来てくれたってのに、ファミレスでお汁粉おごって「接待だ」ってんだから笑っちゃうよ。結局、その仕事はパァよ。何時間もかけて出向いて汁粉一杯じゃ、行く気もなくなるし、仕事を出す気もなくなるだろう、違うかい？

その点、俺は「そこまでやるか！」ってくらい大事にするからね。だから、「どうぞ、好きなだけ儲けてください」っていう、願ってもない情報がばんばん入ってくるんだよ。

「きょうの接待代、いったいいくらかかるんだ!?」なんてしみったれたこと言ってるようなヤツからは、大きな金は逃げちまうんだ、覚えときなよ。

情報があれば「石かダイヤか」がわかる

価値のある情報をつかむには、とにかく人とつきあう。これしかないね。俺はトヨタなどの大企業の人と会っていろんな話を聞いてきた。

日本の産業界をリードする大企業の最前線にいる人の情報ってのは、ありがたいねぇ。何がこれからの「ダイヤモンド」で、何が「石ころ」になっちゃうかを教えてくれるんだよ。

たとえば、金型をつくるんだって、その金型でつくられる製品がダイヤか石ころか、つまりこれから伸びる分野のものなのか、お先真っ暗なものなのかがわからなきゃ、儲かりゃしないよ。

前にこんなことがあったな。

俺のところで原価一〇〇万円でできた金型が、発注元にいくらで売れたと思う？

三〇〇〇万円だよ。なにも俺が高く売りつけたわけじゃない。発注元はその値段で喜んで買ったんだからさ。

ここが価値ある情報のすごさだね。ダイヤか石ころかがわかってなきゃ、一〇〇万円でできた金型に三〇〇〇万円の値段なんかつけられねぇよ。俺は情報を持ってたから、それができた。「この発注元は、これからこの金型でつくる製品が世の中を制することを百も承知だ。だから、いくら出してもいいと思ってるはず」と読めたんだよ。

人とつきあうっていったって、杓子定規なつきあいじゃ、生きた最高の情報なんかもらえないよ。仕事の関係ができたら、まず、確実にそれをこなす。いい加減な仕事しかしないなんて思われたら、切られて終わりだ。

そうやって仕事を続けてるうちに、必ず、キーパーソンとの出会いがあるんだよ。「この会社の情報発信源はここだな」っていう相手だね。その相手とのつきあいこそ、何がなんでも大事にしなくちゃいけない。仕事があるときだけ顔を出すなんてヌルイのじゃダメだね。

時間をつくって、「こんちは」って無駄話でも何でもしにいくんだよ。つきあいが深まるのは無駄話、与太話からって、昔から決まってるんだ。

クルマだってそうだろ。仕事のときだけ、用事のあるときだけしか動かさないんじゃ、調子は悪くなる。用がなくても「ちょっくらエンジンまわしてやろう」って無駄にガソリン使ってこそ、いつもいい調子で走ってくれるんだよ。

人間どうしのつきあいだっておんなじだ。「用事はないんですけど、顔だけ見にきました」なんてやってるうちに、いい関係ができあがっていくもんなんだ。

こいつは信頼できる、こいつとはずっと仕事がしたいと思われるようになったら、相手は情報の出し惜しみなんかしない。一杯やってるときにだって、

「今度うちでこういうプロジェクトが立ち上がるんだ。こんな提案をしてもらえると、一緒に組めるかもしれないね」

なんていう〝極上の情報〟がもらえることになるんだよ。

情報をやたらに漁っても役に立ちゃしないよ。そんなことより、一につきあい、二につきあいだ。

徹底して情報管理をしろ

俺の場合、情報管理の決め手は「トイレ」に象徴されてるね。

うちの工場のトイレは外にある。中にあったほうがそりゃあ使い勝手はずっといいけど、わざわざ外につくったんだよ。

うちには大勢客が来る。来てくれるのはかまわないんだけど、客もいろいろだ。なかには工場のあちこちを見て、技術や情報、ノウハウの一つも掠《かす》めていこうって不埒《ふらち》なのがいるんだよ。工場の中にトイレがあれば、そんなのに「トイレを貸してください」と用を足すようなフリをして、ちゃっかり〝工場見学〟されちゃう。外だったら、なんの心配もなく、「おう、好きなだけ使いなよ」って言えるだろ。

部外者に工場を見せないために、機械のメンテナンス用の部屋をつくった社長もいる。吉野工業所の先代の吉野弥太郎さんのことなんだ。彼はとにかく徹底してた。当の本人から頼まれて、機械の調子を見に行ったことがあったけど、俺も入れてもらえなかったもん。対応した社員が俺の顔を知らなかったんだろうね、「工場には入れられません」ときた。吉野さん自身に頼まれたことを伝えると、本社に電話して吉野さんに確認をとってから、ようやく、「どうぞ」だったもんなぁ。

工場へ入ったら入ったで、俺が見る機械以外は全部箱で囲ってあった。情報管理ってのはそこまでやらなきゃいけないんだって、あらためて教えられた気がしたね。「人の口に戸は立てられない」って言葉があるけど、修理した人間が何の気なしにしゃべったことから、めぐりめぐって同業他社に秘密がバレるってこともあるんだよ。

大企業も探りを入れてくるね。うちが納めた製品に問題があったんじゃないかと疑った場合、発注元のなかには、「対策書を提出しろ」と言ってくるところがあるんだよ。もちろん、よく調べさせりゃ、うちのミスじゃないとわかるって結末になるんだけどな。要するに、「こういう作業をしたら、こういうことが発生したってことを書け」と言ってくるわけだけど、どんなに言ってきても対策書は出さないね。それがうちの手の内を見せることになっちまうんだよ。どうしても出せって譲らないところには、「わかったよ。代金はいらねぇから、品物全部、送り返してくれ」

ってやるんだ。岡野工業の技術は金には代えられねぇよ。みんなも、油断するなよ。

機械をいじったことがないとわからないかもしれないけど、機械を動かすには潤滑油が必要なんだ。この潤滑油は既製品を買えばいいってもんじゃない。いろんな油をブレンドして、機械にピッタリ合うようにつくらなきゃいけないんだよ。プラントが機嫌よく動くのも油しだい、不良品が出ないのも油しだいって言ってもいいね。

俺が使ってる潤滑油も数えきれないくらい失敗を重ねた末に、やっと「これだ！」ってもんに行き着いた〝苦心作〟だよ。これを欲しがるヤツがいるんだ。潤滑油自体を売るのはいい。だけど、「分析書を売ってくれ」となると話が違うよな。

潤滑油の分析書ってのは、俺が長い時間をかけて、頭を使って、それこそ油まみれになってつくりあげたレシピであり、最高のノウハウだ。俺にしかできないって点では、開発した技術のノウハウとおんなじだよ。いくら積まれたって売れるもんじゃねぇっての。必要なものは苦労して自分でつくるってのが職人の基本だよ。いや、職人だけじゃねぇな。**どんな仕事だって自分で考える、自分でつくるってのが、いちばん大切なんだよ。そこをはしょって、なんでもかんでも、他人の褌《ふんどし》で相撲をとろうなんて了見じゃ、誰にも相手にされなくなるよな。**

column
【職人のオフレコ談義】
①女を泣かすヤツは成功しない

女にモテたいってのは男の本音だ。だけど、女とつきあうにも仁義ってもんがあるんだよ。そいつを守れないようじゃ、えらいしっぺ返しを食らうことになるね。俺は遊廓のあった花街・玉の井に入りびたって育ったんだけど、そこでやくざのお兄さんやテキ屋のお兄さんたちから、きつく言い聞かされてきた。

「いいかおまえ、素人の女には無闇に手ぇつけちゃいけねえぞ。手をつけるのは、この女と一緒になるんだってときだけだ。あとは全部、現金決済で遊べ。しがらみってやつは怖えからな。絶対忘れるなよ」

数ある玉の井の教えのなかでも、「ありがたい！」って点じゃ、一、二だな。女性とのつきあい方を間違って、身を持ち崩したってヤツは数知れないよ。女は魔物だから、へたなことしたら、生涯祟《たた》るってもんだ。女の怨念を甘く見るなよ。取り憑かれて、一生心のなかに傷を持って生きるようなことになるなよ。

遊廓に上がって女性と遊んだとするだろ。二、三日して違う女を呼ぶと、前の女は怒るんだよ。「なんで、あたしじゃないの!?」ってね。

現金決済のプロの女性でもこうなんだ、ましてや素人さんは注意の上にも注意をしてつきあわなきゃ、とんでもないことになるよ。

たとえば、何かの手違いで二人っきりで一週間旅行に行くことになったたって、その気（結婚する気）がないなら、指一本触れないくらいのやせ我慢ができなきゃいけない。女のほうからモーションかけてきても、寝たふりしてやり過ごすくらいの我慢が欲しいね。

やせ我慢もここまでいきゃあ、粋だ。実際、どこの誰とはいわないけど、いい女との二人旅行でまるまる一週間、何もしなかったヤツもいる。昨今の草食系なんとかなんかじゃねぇよ。バリバリの肉食系だけどな。

時代が変わっても、基本は変わらねぇよ。女は泣かせない。これが男の生き方の基本。そこにこだわってりゃ、成功するね。あとからドーンとお釣りがくるんだよ。

俺が見聞きしてきた範囲でも、あちこちで女を泣かせてるヤツは、まず、成功してねぇな。女性を泣かせるヤツってのは、商売でも平気で人を泣かせるからだ。それじゃ、どんな仕事だって成功するわけないだろ。俺は商売で人を泣かせたことはない。もちろん、女性もおんなじだよ。

俺は「一〇〇〇万円貯めるから、結婚してくれ」って言って女房と結婚した。それから五〇年、ここまでそりゃあ、いろいろあったさ。だけど、遊びは現金決済で身ぎれいなもんだし、女房を泣かせたことはないね。若いときに一所懸命遊んだおかげで、金を持ったからって使い道を誤ることもない。

まあ、三〇歳までは、ぼやっとしてないで遊ばなきゃ。だけど、東京じゃモテないからって、地方に行ってよろしくやろうなんて考えるなよ。東京でモテないヤツは地方に行ったってモテるわけねぇんだからさ。女の絶対数が違う。確率が下がっちまうだけなんだよ。

企業でも、日本で儲からないから海外に出ていくのがあるけど、儲かったって話は聞いたためしがない。

どうだい、似てるだろ？　女とどうつきあうかを見りゃ、そいつがどんな仕事をするかがわかるんだ。

女性のみんなにも知っといてもらいたいな。女を大事にしない男に、いい仕事なんかできるわけないんだ、ほんとだよ。

第2講

「何倍も返ってくる」カネの使い方を知っておけ！

「カネのこと」こそはっきり話せ！

「お金のことは、仕事相手にはあまり露骨に話さないほうがスマートだ」なんて考えてないかい？

俺に言わせりゃ逆だね。金の話こそはっきり言わなきゃダメなんだよ。

うちに仕事の依頼に来る担当者の中にも、金の話になるとぼやかすのがいる。

「じつは今回の予算なんですが、一応、大阪までの切符は買ってあるんです。ただ、うちとしてはなんとか広島まで行きたいと思っていまして……」

バカヤロウ！　って言いたくなるよな。だってそうだろう？

要するに、予算は十分にはないけど、それ以上の仕事をしろってわけだ。俺は持ってまわった言い方は大嫌い。まどろっこしいのはもっとごめんだ。てめぇは〝腹芸〟を使ってるつもりだろうけど、腹芸ってのは使い方を間違うと、とんだ茶番になっちまうんだよ。

株式会社

俺ははっきり言ってやる。

「へぇ、大阪で降りて広島まで歩けってわけだ。歩きゃ腹も減るぞ、靴だってすり減るんだ。その分は俺の自前でまかなえってか？　笑わせるな！」

いい仕事をしてほしいなら、「広島までの予算をとりましたから、大阪まで行ってください」ってのが、わきまえたお願いの仕方なんだよ、そうだろう？

はっきりと予算は数字で言わなくちゃ、仕事の話にはならないんだよ。

しかも、ケチケチした根性が丸見えの予算じゃ、腕のあるヤツをやる気になんてさせられないぞ。

相手がいくら大企業だって、あいまいな仕事の受け方はしちゃいけない。大手と仕事がしたいばっかりに、「金の話なんてしたら嫌われそうだから、まず実績をあげてから……」なんて中小企業があるけど、そこで言いなりになっちゃうと、最後まで甘く見られるね。

「今回は予算がとれなかったから、こっちの言い値でやってくれる、いつものところに頼むか」

ってことになるんだ。いったん卑屈な姿勢を見せたら、どこまでもつけ込まれるってことを忘れちゃいけないよ。

俺なんか態度がでかいもん。たまに納期に遅れることがあるけど、文句でも言ってこようものなら、

「いつも当たる天気予報があるかい？　ないだろ、天気予報だって外れるんだ。新幹線も飛行機も遅れが出るだろ。ちゃんとやってんだから、黙って待ってろ」

新しい技術を使う開発の仕事だと、納期を守ろうったって守れないこともあるんだよ。まぁ、長くつきあいがある企業はお見通しだから、

「岡野さんに〝納期だから〟って催促は禁物。あの親父はおだてればおだてるほど、いい仕事をしてくれるんだから、怒らしちゃいけない。黙って待ってるのがいちばん」

とわかってくれてるけどさ。会社によってそれぞれ事情はあるだろうけど、仕事をもらってたって、金を受けとるまでは対等だってくらいの気概は持ってて欲しいよな。

ケンカをしたら、困るのはむしろ発注元の企業のほうなんだよ。一つでも部品が欠けたら製品は完成しない。それをつくってるのは町工場じゃねぇか。

俺もやりあったことがあった。相手が仕事を止めるって言ってきたから、言い返してやったんだよ。

「うちへの仕事を止めるって？　おもしれぇな、やれるもんならやってみな。先に仕事が

止まるのはそっちだぞ」

ブレない気概と気骨を持ってりゃ、どんな大企業、どんな大物とだって五分の勝負ができるんだ。

自分だけ儲けるより、他人を儲けさせろ

きれいに金を儲ける〝極意〟を知ってるかい？

ズバリ、他人を儲けさせることだ。俺がそうしてきたんだから間違いない。儲けを独り占めして「俺は商売上手だ」なんていい気になってたら、必ずしっぺ返しを喰らうぞ。

人を儲けさせれば、相手はこっちをほっとかないよ。いつも、「岡野に仕事を紹介しなきゃな」って考えててくれるもんなんだ。何かあれば情報を持ってくる。それで話がまとまったら、俺も儲かるし、仕事をした相手も儲かる。もちろん、紹介してくれた人間だってちゃんと儲けさせるよ。やっぱり、商売はこうでなきゃ。儲けの「揃い踏み」じゃなきゃな。

うちが受けた仕事を外注に出すこともあるけど、そのときも、俺は絶対値切ったりしないね。相手の好きなように見積もりをさせるんだ。

「あんたの思ったとおりに見積もってきなよ。だけど、見積もりが高くて話がまとまんな

かったら、諦めてくれよ」

ふつうは外注先からできるだけ多く頭をハネることしか考えないだろ。一個一〇円だと言ってきたら、なんとか八円にしろ、七円にならねぇか、と値切って、てめえの利益を少しでも増やすことしか考えないよな? 「見積もりより高くしろ」なんて会社、聞いたことないだろ?

だけど、俺は他人の利益を掠《かす》めとるような真似は性分にあわないんだよ。一〇円で見積もってきたって、それじゃ安いなと思ったら、俺のほうから言うもん。

「無理すんなよ。一五円で大丈夫だよ。な、一五円にしときなよ」

俺はそれを二五円だ、三〇円だって値段で納めるんだから損はないし、外注先だって喜んでくれる。おたがい楽しく仕事ができるってもんだよ。

自分だけ儲けりゃいいって根性だと、誰もついてこなくなるんだよ。

「あいつとは仕事したくねぇな。いつだって一円でも安く買い叩こうってことしか考えてないんだからよ。『これでいっぱいなんだよ』なんて言われたって、信用なんかできるかよ。どうせ、てめえのポケット入れてやがるんだから」

商売でいちばんやっちゃいけないのが、まわりに信用されなくなることなんだ。一〇人が一〇人に「あいつは信用できねぇ」なんて言われてみなよ。そんなヤツに仕事を出そうなんて殊勝な会社があるかって。

結果は見えるだろ。いい加減な会社の安い仕事を漁《あさ》るしかなくなって、納期はきつい、払いは悪いってなかで、あくせくするしかなくなるんだよ。自分が蒔《ま》いたタネとはいえ、そんな悪循環にのみ込まれちまったら、もう、這い上がるのは無理だな。

会社勤めだっておんなじだよ。信用をなくしたら得意先はもちろん、社内でだって相手にされなくなるね。こんな時代だから、ことあるごとに肩叩きされて、居場所がなくなるってのが、〝約束された末路〟ってやつだ。

性格やマナーなんて、少々雑だってかまやしねぇんだよ。信用だけはなくすなよ。

「金は天下のまわりもの」って言葉があるだろ。

自分の懐に入ったカネを、欲をかいて抱え込んでちゃいけないんだよ。人さまに回すから、もっとでっかくなって自分に戻ってくる。止めちまったら、せっかくカネが回ってるのに、自分だけ蚊帳の外ってことになるね。

みんなも、実績あげて社長賞でももらったら、ぽっぽになんか入れないで、仲間と飲み食いしろよ！

「攻めどころ」は必ずある

新しく仕事を開拓しようってとき、いちばん心しなきゃいけないのは何だと思う？　攻めどころを誤らない。これに尽きるね。

闇雲に攻めたってダメ。攻めどころをズバリ見きわめて、そこを集中的に攻めりゃ、どんな難攻不落の相手だって必ず落とせる。

日立電線って会社と仕事をしてるとき、俺は工場長から相談を受けた。銅を溶かしてパイプや電線という一次製品をつくっているだけじゃ、先々赤字になってしまう。プレスをして製品化、つまり付加価値をつけた二次製品をつくっていきたいというわけだ。俺はその手伝いを、金型をつくることでしたわけだ。

これが、俺が後々やる「金型とプレス機を組み合わせたプラントをつくり、それを丸ごと売る」というアイディアのヒントになったんだ。俺は日立電線さんにさんざんお世話になってたから、せめてもの恩返しと思って金型をつくってお手伝いしたんだが、とんでもないヒントを頂いちゃったわけだな。恩に報いるってのは、道徳的なことだけじゃないんだよ。

話は変わるけど、俺はプレス屋にも金型をつけて売ったよ。プレス機だけを売ろうとしても、なかなかプレス屋は買わない。だけど、「この金型をくっつけるとこんな仕事ができるぞ」って具合に、プレス機と金型をセットになったプラントとして、使い方のノウハウまで提供すりゃ、プレス屋としてもおいしい話になるんだよ。

プレス機と金型ってのはただ組み合わせりゃいいってもんじゃないんだ。微妙な相性ってやつがある。その相性が合わないと、プレス機がうまく動かないんだよ。セットなら相性には問題ないわけだから、プレス屋はひと手間はぶけるし、高い買い物だから何より安心なんだ。

そんなプレス屋の事情、心理をしっかり見きわめとけば、そこが攻めどころになるんだよ。

プラントはずいぶん売ったけど、プレス機は必ず機械メーカーのアマダのものを付けた。アマダには恩義があったからね。トヨタとの橋頭堡《きょうとうほ》を築いたのも俺なんだ。何度も営業に行ってたらしいけど、アマダはトヨタとのつきあいがなかった。他のメーカーがすでに入っていて、もう入る余地がなかったんだな。

うちはトヨタとつきあいがあったから、「よし、他のメーカーで固まってるところに、一丁、風穴開けてやろうじゃねぇか」ってんで動いたんだよ。アマダもえらいね。トヨタにプレス機を何台か入れてもらったら、ちゃんと豊田織機からフォークリフトを買ったもん。俺はアマダの恩義に報いたし、アマダもトヨタの恩義に報いたってわけだ。

「恩義に報いる」ってのも攻めどころだよ。報いてくれりゃ、相手は悪い気しないから、仕事が広がっていくじゃないか。

俺はいつも新しい技術を開発することを考えてるけど、そのとき頭に置いてるのは攻めどころだ。最先端技術を持ってる大企業だって、「ここを改良する技術はないか」、「効率があがる技術はないか」って、つねに〝より上〟を求めてるんだよ。

大企業が求めてる〝より上〟が具体的にどういう技術かわかれば、これ以上の攻めどころはないってことになる。企業のツボにはまる技術を開発したってことになりゃ、こっちが攻めるまでもないよな。向こうから「ぜひ、うちで使わせてください」って頭を下げてくるんだよ、ほんとの話。

カネより「人」を貯めろ

若いうちから金を貯めようなんて考えるなよ。浪費をすすめるつもりはないけど、将来が不安だとばかり思ってると、人間が縮こまっちゃうね。

貯めるんなら人だよ。一生のうちに出会える人の数はかぎられてるんだ。〝袖すり合うも他生《たしょう》の縁〟って言葉があるだろ。出会った人との縁は大事にしなきゃな。人を見る目は人とつきあうことで磨かれるんだよ。

いまも振り込め詐欺に引っかかる人があとを絶たないけど、俺は詐欺師もペテン師も、いかがわしいヤツは一目でお見通しだね。自慢じゃないけど、玉の井時代から人にはもまれまくってるから「こいつは本物だ」「こいつは口だけのニセ物だ」ってこともすぐにわかるね。

本物と見定めたら、できることは何でもする。

前にも「試作品を貸してください」っていう担当者がいた。試作品といえば、秘中の秘だよ。そこから技術を盗まれて、「もうおたくはけっこう。自前でできますから……」なんてことになる可能性だってある。だけど、俺は相手を本物と見たから、「おぉ、いいよ。持っていきなよ」と気持ちよく貸してやったね。もちろん、その後もその会社とはいい関係で仕事ができた。

つきあいができた人との関係は切っちゃダメだね。

仕事で関係ができても、相手が会社を辞めたら、つきあいも自然消滅しちまうってことがよくあるだろ？　あれは人とつきあってないからだよ。つきあってるのは「会社」なんだな。そんなの、ほんとのつきあいじゃねぇよ。

どこの会社に移ろうが、仕事上のつきあいがなくなろうが、自分から連絡を取るようじゃなきゃね。連絡を絶やすってことは、せっかく貯めた人脈っていう財産を、むざむざフイにしちまうことなんだよ。そんなもったいないこと、俺にはとてもできねぇな。

つきあいを続けてれば、相手はいつか参謀役になってくれる。

俺の仕事でいえば、技術を開発するにはいろんなモノを見て研究しなきゃいけないんだよ。なかには「これはどうやってつくるんだろう？」って興味が湧く品物もある。そんな

とき、俺の知りたいことを何でも教えてくれる人がいるんだ。

日本を代表する大手メーカーの研究所にいて、その後、別のところに移った人だけど、「この品物はどこでつくってるんだい？」と聞けば、すぐに「これはあそこですね」と答えが返ってくる。俺にとっちゃ、インターネットなんか足下にも及ばない、貴重なデータベースだね。なくちゃならない参謀役ってやつよ。

つきあってる人とは一緒に儲ける。これも俺のモットーだな。だけど、いるんだよ、いい顔しながら寝首を掻《か》こうって手合いがさ。

「俺もきついんだ。なんとかこの値段でやってくれ。長いつきあいじゃないか」

とかなんとか殊勝な顔で言ってる裏で、てめぇの懐だけあったかくしようなんてね。こんなのは財産でもなんでもない。スッパリ切っちまえばいいんだ。

敵味方両方にカネを使って やる気を出させる

仕事を思いどおりに成立させるには戦略が必要だ。そんなことは誰だって考えるんだろうけど、俺にいわせりゃ、詰めが甘いんだよ。せいぜいが「二の矢」を放って満足しちまう。

俺は三の矢、それでも足りないと見たら、四の矢だって放つからね。

長野県に大企業の子会社の部品メーカー（A社）があるんだ。そことはこんな経緯で知りあった。俺の工場で大手メーカーのリチウム電池のケースをつくっていたことがある。そのために油圧プレス機も買って、仕事はうまくいってた。儲けもけっこうあったんだよ。だけど、案の定、俺の〝悪い虫〟が騒ぎ出したってわけさ。「何か新しいことやりたい」ってね。

「ずっと電池なんかやっちゃいられねぇな」

俺の娘の夫でうちの社員の縁本《えんもと》も異論はないっていうから、そのプラントを売っちまうことにしたんだよ。

悪い話じゃないよ、なにしろお得意さんつきだ。そのとき、手を上げたのがその部品メーカー（A社）だったんだ。

俺のところじゃ、営業は外部の会社（B社）がやってるから、直接の商談はそこの担当者がやるわけだ。どんな商談でもそうだけど、交渉はおいそれとはまとまらない。売り手はできるだけ高く売ろうとするし、買い手のほうはとことん買い叩こうとするからね。

売り手と買い手は利害が相反する敵味方なんだよ。しかも、交渉するのはどっちもサラリーマンだから、話がまとまったところで、自分に実入りがあるわけじゃない。気合いだって入らないよな。

「どうせやる気がねぇんだから、この話はまとまらないな」

最初、俺はそう見てた。案の定、いつまでも結論が出ないから仕掛けを打った。

「話をまとめたら、おまえに五〇〇万やるよ」

B社の担当者にそう言ったんだよ。いってみりゃ二の矢だな。売ったら五〇〇万入ってくるとなりゃ、担当者だって目の色が変わるよ。

ただ、ここには落とし穴がある。俺から五〇〇万もらうわけだから、担当者はなんとか高い値段で決着つけようとするだろ。

相手（A社）にとっちゃ、ハードルが高くなるわけさ。ふつうならここでせいぜいB社の担当者の尻を叩くくらいなんだろうけど、俺は違うね。その部品メーカー（A社）の専務に三の矢を放ったんだよ。

「この件がちゃんとまとまったら、あんたにも五〇〇万あげるよ」

B社の担当者がいくらやる気を出してしゃかりきで交渉したって、おんなじように相手にもやる気がなきゃ、暖簾《のれん》に腕押しじゃねぇか。

肝心なのは相手をやる気にさせることなんだよ。それには思い切った楔《くさび》を打ち込むしかないね。五〇〇万がそれだよ。

それまで敵味方だったのが、この楔一発で意気投合……ってわけじゃないけど、同じ方向に走り出したね。連携して話をまとめようと懸命だよ。メーカー側の会議では反対意見もあったらしいけど、担当者と専務が二人して、

「絶対、御社の損になる話じゃないと思いますが……」

「う～ん、よく考えたらそうかもしれない。これは話をまとめない手はないですな」

って具合に出来レースの掛け合いやるんだから、そりゃあ、多少ムチャな話もまとまっちゃうよ。

結局、五〇〇〇万くらいで売れたね。こっちの言い値だから俺としちゃ文句はないし、金の使いどころは間違ってなかったと思ってる。そのプラントを買ったメーカー（A社）も、じつに良いビジネスができて、儲かった。

三方一両得ってやつだよ。

コストがかかっても調整役を入れる理由

岡野工業は、代表社員の俺を含めて従業員五人の所帯だ。だけど、企業との交渉は〝外注〟してるんだよ。町工場で仕事の取引に調整役を入れているなんてところはまずない。たいがいは社長が企業の担当者と直接話をして全部決める。

俺も若い頃は自分で交渉してたね。職人には口下手なのが多いけど、俺は自慢じゃないけど、口八丁手八丁だからね。どんな大企業相手だって五分以上に渡りあったもんだよ。なかには「わずか五人の町工場じゃないか」と見下ろすような態度で出てくるヤツがいるんだよ。思い出すだけでもムカッ腹が立ってくるよな。

「何か勘違いしてんじゃねぇか。俺は仕事をくれなんて一言も言ってねぇし、お願いする気もハナからねぇんだ。そっちがやってくださいって言うから、話を聞いてるんだよ。そこがわかんねぇんだったら、とっとと帰ってくれ」

そんな啖呵《たんか》を切って追い返したことも、何度あったかわからない。

だけど、いまは間に人を入れるようにしてる。仕事の交渉なんか、百戦錬磨の俺がいりゃ、十分以上につとまるんだけどね。

調整役がいるってことは、メリットが大きいんだよ。

たとえば、交渉のために大企業に出向くだろ。向こうは俺が来ると思ってるよ。ところが、行くのは調整役だ。名刺交換すりゃ、「○○通商」って名の通った商社の名前が刷り込んである。「岡野工業さんに関しましては、わたくしどもでお話をうかがうことになっております」

先方の大企業は面食らうね。

「五人の町工場で、一流商社を使ってんのか。よっぽどすごい実績があるんだろうな。こりゃナメてかかったらエライことになるぞ」

商社が入ってるってだけで、こっちの株が上がるんだ。〝タカが町工場〟なんて扱いは、間違っても受けなくなるんだよ。

調整役の役どころはそれだけじゃないんだよ。仕事をしてる間には、お互いぶつかることもあるよ。発注元の企業側にだって俺に言いたいことが出てくるだろうし、俺のほうにもこれだけは言っとかなきゃってことが出てくる。そんとき、直接言いあうってのは、うまかないんだな。ましてやつきあいが長くなって、俺の気性がわかってきたら、相手は面と向かっては言いにくいや、そうだろう？

「きょうは部長が言ってくださいよ。わたしはとても言えません。おっかなくって……」

「担当者は君なんだから、君から申し上げるのが筋だろ。わたしだっておっかな……」

誰が俺に言うか、譲りあいになっちまう。ネコに鈴をつけるんじゃねぇってんだよな、気持ちはわかるけど。

間に調整役がいりゃ、こんな事態は回避できる。企業側にも、俺にも、それなりに考えた言い方をするだろ？　波風は立たないし、風通しがよくなるんだよ。

もちろん、調整役を入れりゃ、金はかかるよ。だけど、仕事がうまく進んで企業は儲かる、俺も儲かる、調整役も儲かるってわけだから、その金以上の効果を、みんなにもたらしてくれるんだよ。

そんな〝活《い》きた金〟ならいくら使ったっていい。いや、活きた金は使わなくちゃいけないんだよ。

あえて「高い店」で買うと情報がついてくる

何か物を買うとき、いちばん気にするのはどこだい？

「そりゃあ、やっぱり値段でしょ。店によって値段が違うのは〝常識〟だから……」

おんなじ品物でも高いのと安いのがあるから、俺も値段を見るね。そして、「高いところ」から買うんだ。

怪訝《けげん》な顔をしてるのがいそうだな。間違いじゃねぇよ。買い方上手ってのは、高いところから買うもんなんだよ。たとえば、工場に機械を入れるときでも、俺は機械メーカーのアマダさんから買う。本所《ほんじょ》あたりの機械屋ならずいぶん安く買えるけど、俺は高いのを承知でアマダさんから買うんだ。

値段だけで勝負してるようなところは、機械を納入して「はい、サヨナラ」なんだよ。高いところはそうじゃない。

「いつも機械を入れさせて頂いてるし、お客さんも紹介してもらってるので、岡野さんには、いいお得意先を紹介させて頂きますね」

と、こうなるわけよ。

天下のアマダさんがうちの営業をしてくれるんだ。それで仕事の一つも決まってみなよ。どんだけ儲かるかわかりゃしねぇよ。とにかく安く買おうって了見じゃ、間違っても、こんな〝お土産〟はついてこないね。

得意先を紹介してくれるだけじゃないんだよ。機械の情報、業界の情報、こっちが欲しい情報が黙っててもいっぱい入ってくるんだ。そんな優良情報、耳より情報は、自分で集めようったって、簡単に集まるもんじゃない。

わかったろ？

機械を安く買って、そんときは得したような気分になってるかもしれないけど、その裏じゃ、とんでもない大損をこいてるんだよ。

なにも機械にかぎったことじゃないね。俺は洋服でも時計でも靴でもそうだよ、シャツ一枚だって「高いところ」から買うんだ。これだって情報が必ずついてくる。いい洋服が入りゃ、すぐに知らせてくるし、時計の展示会でもあれば、真っ先に招待状が送られてくるんだよ。

値段だけは負けないなんてディスカウントショップで買ったんじゃ、金を払ったら終わり。いくら待ってたって情報なんか一つだって入ってきやしないんだ。

安い仕事でもゼッタイ稼げる！

うちは親父の代からの金型屋だ。できた金型はプレス屋に納めるんだけど、そこからはプレス屋が儲かるばっかりなんだ。メーカーから注文を受けて製品をつくるのはプレス屋だからね。

「だったら、プレスもやればいいのに」と思うのは素人。昔っから、金型屋はプレスに手を出しちゃいけないっていう業界の掟があるんだよ。

親父にも「プレスだけはやっちゃならん」ときつく言われてたね。だけど、俺はプレスを始めた。まるっきりの掟破りをしたわけじゃない。値段が安くて、ほかのプレス屋が「やってらんねぇよ」って見向きもしない仕事だけ引き受けることにしたんだ。

安い仕事をただふつうにやってたんじゃ、儲かりっこないよな。人件費や時間ばかりかかって、利益なんか上がりゃしない。

俺が最初に受けたのはコイルケースの四隅に穴を開けるって仕事だった。一個仕上げて実入りが八〇銭だよ。

これを四台の機械を使って、それぞれに人手をかけてつくるってのが、それまでのやり方だったんだ。こいつを変えなきゃどうにもならない。儲からない仕事を儲かるようにするには、どうすりゃいいと思う?

機械を四台使うから、職人も四人つけとかなきゃならない。一発で四つ穴が開けられる機械だったら、職人は一人ですむんだ。もちろん、そんな機械はなかったさ。なきゃつく

⬆岡野がこれまでつくってきた製品。電池ケース、口紅のケース、ライター、ボールペン、都市ガス用のセンサー部品など。１枚の金属板に圧力を加えて様々な形に変形させる「深絞り」の技術の結晶である。

るしかない。

俺は一回のプレスでコイルケースの四隅に穴が開く機械をつくった。どうせつくるなら、なるべく手がかからない機械がいいに決まってる。自動機だな。スイッチを入れたら、あとは機械が勝手に動いてくれて、ぽんぽん製品をつくりだすってやつだよ。

機械は「疲れた」だの「かったるい」だの言わない。二四時間黙って働いて、ちゃんと製品をつくってくれるんだよ。毎月、一〇〇万個のコイルケースがコンスタントにできるようになったんだ。

一個八〇銭といったって、月産一〇〇万個なら八〇万円。年間ほぼ一〇〇〇万円稼いでくれるんだから、十分儲かる仕事だったね。

このとき俺はわかった。**いくら安い仕事だって、稼ぐ方法は絶対ある**ってことだよ。なにがなんでもそいつを見つけてやろうっていう気持ちがあるかどうか。そこが勝負どころなんだ。

ボールペンのキャップに何本も筋をつける仕事でも自動機をつくった。それまでは熟練した職人が三分も四分もかけてやっていたのを、一度に数本の筋がつけられる金型をつくって、機械がやるようにしたんだ。

一個仕上げるのに、ほんの一秒足らず。それまでと比べたら二〇〇分の一の時短だよ。自動機だから職人がついてなくていい。アルバイトやパートで十分こなせる。これにも稼がせてもらったね。

よそが安すぎて受けない仕事を、よその半分の値段で受けたから、仕事はばんばん入ってきたし、こっちの手はかからねぇし、おもしろいほど儲かった。

割のあわない仕事も、頭を使えば、いくらだって割に合う仕事に変えられるんだよ。

儲かったらサッサと見切る

せっかく儲かってる仕事をしてるのに、ジリ貧になっちまうことがあるだろ？　あれ、なんでだかわかるか？　見切りどきを読めないからなんだよ。

仕事では「見切る」ってことが大事なんだ。俺は玉の井時代に、それをさんざっぱら教わったね。まぁ、仕事じゃなくて博打《ばくち》の見切りどきだけどさ（言っとくけど、俺は博打はやらないよ）。

新しい技術を開発して、どこにもできない製品をつくったら儲かるってのは、誰にでもわかる道理だ。注文はどんどんくるし、金もびっくりするほど入ってくる。だけど、それがずっと続くわけじゃないんだよ。

儲かるとなりゃ、ほかでも研究しておんなじことをやろうとする。競合するとこが出てきたら、価格競争になるのは目に見えてる。なかには設備投資をして人員を増やして取り組むってとこもあるよ。値段はがた落ちになるね。

俺はそうなる前にプラントごと売っちまう。目安は三年ってところかな。携帯電話だって、液晶テレビだって、出始めて三年も経ちゃ値段は半分以下になってるだろ。そこまでしがみついてちゃ、儲けを吐きだすしかないんだよ。

その前に見切りをつけて、新しい仕事にとりかかる。ここが肝心なんだ。仕事仲間には、「いつまでもその値段が続くわけじゃねぇんだから、潮時を考えなよ」って口を酸っぱくして言ってるんだけど、儲かってる最中はそれがわからないんだな。結局、見切りどきを誤って大損こくってのが多いね。

一生安泰の仕事なんかないんだよ。どんなに〝いま〟がよくたって、これだけは忘れちゃいけない。

俺は性分からしても、おんなじ仕事をずっと続けるなんて嫌だね。いつも新しいもの、新しいものって、追っかけてるほうがおもしろい。そうしなきゃ、自分自身の進歩もないんだよ。追っかけてるからアイディアも生まれる。新陳代謝をしなきゃ、脱皮なんかできないよ、違うかい？

見切った仕事についてはケチなことは言わないよ。金型もプレス機も、潤滑油もノウハウも、必要なものは一切合切、全部売っちまうんだ。「せっかく開発した技術をもったいない」なんて、後生大事に抱え込んでたってしょうがないんだよ。

自分のところで使わないんなら、技術もノウハウも捨てちまえばいい。捨てるったっておシャカにするわけじゃない。欲しいってところに気持ちよく譲ればいいんだよ。**捨てるから、こっちはもっともっと先に進めるってわけだ。**

ＣＤやＤＶＤの部品の仕事を手がけたときなんかは、まわりがびっくりするほどあっさり手放した。どこにもできない技術だったし、これから世の中が全部その部品を使った製品に埋め尽くされるって誰の目にも明らかだったから、うちが量産体制をつくったら、何百億儲かったかわからないな。「なぜ手放すんですか？　正気ですか？」って皆に言われたよ。そりゃそうだ、言ってみりゃ、うちの工場にお金を刷る輪転機があってガンガン刷れる、とわかっているのに手放すようなもんだからな。

だけど、俺は量産なんかやりたくないし、完成したらそれでいいやって気だったんだ。やりたいってとこに渡しちまったよ。

あっという間に競合するとこが出てくるって読みもあったね。実際、そうなったし、やっぱり正しく見切るってのは「千両」の値打ちがあるんだよ。

チマチマ金を追いかけるな

いい仕事をするには秘訣がある。「金のことを考えない」ってのがそれなんだ。確かに、仕事と金は切り離せないよ。

だけど、仕事にとりかかる前から、材料費はいくらで、人件費はいくら、利益をこれだけ出すにはいくらで請け負わなくちゃ……なんて金のことを細かく考えてたら、ロクな仕事はできないんだよ。

頭にいつも金のことがあると、仕事がいい加減になるね。たとえば、一〇〇〇万円で請け負った仕事でも、「なんとか九〇〇万であがらねぇかな」って考えちまう。その結果、どこかで手を抜いて、金を浮かそうとすることになるんだよ。そんなことでいい仕事ができると思うかい？

俺はまるっきり逆だね。とにかく自分が納得できる仕事をすることしか考えないよ。仕事に取り組んでるあいだは金のことは度外視だ。できあがったモノの価値は買い手が決めてくれるよ。いい仕事をしておけば、安く買い叩かれるなんてことにはならない。次にまた新しい仕事の依頼がくる。思った以上の金が後からついてくるんだよ。

開発費だって全部自前だ。発注元と折半なんてことにしちまうと、その分、制約されることになるだろ。自分の思うとおりの仕事ができねぇよ。そんなの、まっぴら御免だね。

発注元とは一〇〇〇万円の約束で始めた仕事で、足が出ることだってあるよ。俺にとって完成品ってのは絶対に「納得」の二文字が乗っかってなきゃダメだから、最初の予想どおりにはいかなくて、終わってみたら、一五〇〇万円かかったってことも珍しくないね。

だけど、俺は一〇〇〇万円しかもらわない。足が出た分は自分で背負う。そうすると、発注元が気を使ってくれるんだよ。

「ここまですばらしい出来なのに、今回は一〇〇〇万円しか払えなくて申し訳ない。次回はもっと儲かる仕事をお願いするから、それで埋め合わせさせてもらえれば……」

そんな相手とはずっと仕事が続くね。**それも「岡野は損してでもいい仕事をする」っていう信頼感があるから、つまんない仕事はこないよ。儲かる仕事は岡野に回そうっていういい流れができるんだよ。**

金を追っかけてたら、この流れはつくれない。

「あそこはコストカットばっかり考えてるから、大きな仕事は回せないな。ハンパな仕事で繋《つな》いどきゃいいか」

結局はそんな扱いになっちまうのがオチだね。

いいかい、追っかけるのは仕事だよ、金じゃない。金ってもんは追っかければ、追っかけるほど逃げていくもんなんだよ。**追えば逃げたがる、逃げれば追いたがるってのは、男女の恋の道の原則らしいけど、金もおんなじだな。**

金に色目なんか使わないで、そっぽ向いて仕事だけ追いかけてれば、金のほうから追っかけてくるんだよ。

もらいっぱなしより「倍返し」がいい

「重箱のマッチ箱」ってのを知ってるかな？　俺が育った頃の下町じゃ、町内で祝いごとがあったりすると、重箱に赤飯を詰めて、ご近所に届けてまわるってしきたりがあったんだ。自分のとこだけで祝うんじゃなくて、そのうれしい気持ちをおすそ分けしようっていう気配りだな。

もらったほうも、ただもらいっぱなしでいるわけにゃいかない。赤飯をすぐに皿に移して、重箱をチャチャッと拭き、必ず、マッチ箱を一つ入れて返したもんだ。当たり前のように〝お返し〟の心が根づいていたんだよ。マッチ箱と決まってたのは、それなら誰にだって負担にならないっていう心配りかな。粋だろ？

そんな育ちだから、俺はもらいっぱなしは絶対しないね。**何かをもらったら、「倍返し」が俺の流儀なんだ。**仕事の関係者が、気を使って女房に花なんかくれたりするだろ。それが五〇〇〇円のものだったら、俺は一万円のものを見つくろって返す。

女房に気を使ってくれた、その気持ちに対しての感謝が五〇〇〇円、あとの五〇〇〇円はもちろん、もらった品物へのお礼だ。**いったん決めたこの流儀は、何があっても、誰が相手でも変えない。**変えちゃダメなんだよ。いつもおんなじことをしてるから、

「岡野さんは、誰に対してもきちんと礼を尽くす人だね。陰日向《かげひなた》のないあの人なら、仕事も間違いなくやってくれるよ」

ってことになるんだよ。**こっちは感謝の気持ちからしてることだけど、それが「看板」にもなるってわけだ。この看板は稼ぐぞ。倍返しなんて屁でもねぇよ。**

稼いだ金も、俺は全部自分の懐には入れないね。仕事ってのは相手があって成立するもんだよな。だから、必ず、相手の顔を立てる。そうだな、かりに一〇〇万儲けさせてもらったら、五万か一〇万は「これとっといて」と戻すね。

言っとくけど、多少のお金を包んどけば、もっといい仕事がもらえるんじゃないかなんて、ケチくさいことはこれっぱかりも考えちゃいねぇよ。相手と根っこのところで繋がっときたいと思うから、そうするだけだよ。

どこにも含むところのない五万、一〇万がその根っこになるんだ。田んぼや畑だって、

全部が全部、できたものを根こそぎ引っこ抜いちまったら、次の年はぺんぺん草も生えねぇや。**根っこんところを残すから、翌年も収穫できるんだよ。**

仕事は一回こっきりってわけじゃないんだよ。儲けた分をみんな抱え込んで、「俺がやった仕事じゃねぇか。俺一人の儲けにして何が悪い」なんて態度でいたら、続くはずの仕事も続かない、深まるはずの人間関係だって、そこでぷっつり切れちゃうんだ。

五万、一〇万を惜しんで、ホントならずっと繋がっていく仕事を棒に振るなんてもったいないだろう？

目先の金ばかり見てたんじゃダメなんだよ。**俺はいままで仕事をしくじったヤツ、商売が立ちいかなくなったヤツを、嫌ってほど見てきたけど、たいがい目先の金にこだわって失敗してるね。**

「重箱のマッチ箱」を忘れなきゃ、そんなことにはならないと思うんだけど、金のことになると、〝言うは易く、おこなうは難し〟ってことになっちゃうのかね。

目先の金にきれいだからこそ、あとから金がついてくるんだよ、ほんとの話。

column
【職人のオフレコ談義】
②女房やダンナは最高の相棒だ！

女房は男の大事なとこを握ってるね。成功のカギを握ってるのが女房なんだ。いまは仕事に男も女もないから、女の成功のカギもダンナが握ってるってわけだ。

つまんない女房やダンナは持つなよ。どんな仕事でも一人前になるには、時間がかかるもんなんだ。そのあいだには身銭を切って遊ぶことも必要だし、つきあいで夜帰りが遅くなることだってある。そのたんびに目くじら立てられたんじゃ、いつまでたっても一人前にはなれやしねぇな。

誰にだって家族に我慢してもらわなきゃしかたがない時期ってもんがあるんだよ。小言の一つくらいは言っても、胸のなかに「我慢」の二文字を刻んでる相手でなきゃ、成功は遠のいちゃうよ。

俺なんか年収三万五〇〇〇円ってことがあったからね。ちょうど自動機の開発にとりかかってるときだったんだけど、なかなか思うようなものができなくてさ。開発費ばっかり嵩んで実入りは雀の涙にもならなかったんだ。女房は怒ったけど、手っ取り早く稼げる仕事をしろとは言わなかった。

プレスをはじめた頃は、まだ宅配便もない頃だからつくった品物は自分で納品してた。それが大変でねぇ。二万個、三万個もある品物を乗用車の屋根につけたキャリアに積んで届けるんだけど、仕事が終わってからの作業だし、高速道路なんかない時代だ。帰ってくると空は白々と明けてたもんだよ。

そのときも女房は助手席に座っててくれた。キャリアから品物をぶちまけたこともあった。俺は面倒くせえから、そのまま逃げちまおうと思ったけど、品物にはきっちり発注先の名前が入ってるから、すぐに足がつく。「逃げたってしょうがないでしょ」って女房にも怒られて、二人で箒《ほうき》をとりに工場に戻ってかき集めたね。いい思い出だよ。遊びだって、結婚したら、「はい、やめます」なんてわけにはいかねぇよ。“悪い”仲間が誘いにくるんだ。俺も根っからつきあいを大事にするほうだから、ホイホイ出かけていくってわけで、女房としたら怒り心頭だったと思うよ。

俺のおふくろが、「雅行は見込みがないよ。あんた、早く別れたほうがいいね」なんて言ってたくらいだから、傍から見ても目に余るご乱行、新婚亭主にあるまじき遊興三昧《ざんまい》、ってところだったんだろうけど、女房の器はでかかった。大工の棟梁の娘で職人の世界を知ってたこともあって、我慢の糸を切らずにいてくれたんだ。

俺も遊びを無駄にしちゃいないよ。そのときの経験を仕事にも人生にも活かしてる。遊んだり好き勝手やっても、それを肥やしにできるのが男なんだよ。そこんとこをわかってくれる女房だったら、成功は間違いないな。

三蔵法師の心持ちになって欲しいね。これでもかと悪さをする孫悟空は、所詮、自分の手のひらで踊っているだけ。いざとなったら手綱を締めりゃいいんだってのが三蔵法師だろ。そのくらいの目で見てくれたら、男は伸び伸び、妙に縮こまったりしないで、いい仕事ができると思うよ。だいいち、「猿」だと思えば、腹も立たないだろ？

女房は「参謀」ってのが最高のはまり役なんだ。自由にさせながら、うまく男を立て、行き過ぎたと思ったら、ピシッと手綱を引き締める。勝負に出るとこじゃ、タイミングよく背中を押す。そんな名参謀がそばにいたら、男は心置きなく、上機嫌で仕事に邁進できるね。俺っていう「生き証人」がいるんだから間違いないよ。

第3講
頭のいい人より「おもしろいヤツ」になれ！

「おもしろいヤツ」に人は寄ってくる

みんな、人から「頭がいい」って見られたい、なんて思っちゃいないかい？とんでもない了見違いってもんだな、そいつは。

「自分は頭がいい」と思い込んでるヤツは、人づきあいを軽く見てるね。俺は人より頭がいいんだから、そこらの並の人間とは気安いつきあいはしないんだ、って雰囲気がプンプン出てるよな。俺はそんなのには頼まれたって寄りつきたかねぇな。

だいいち、人間としてちっともおもしろかないじゃねぇか。いくら頭がよくたって、人間、一人でできることなんてタカが知れてるもんなんだ。人づきあいがうまくできなきゃ、所詮はけちくさい「小成功」で終わっちまうんだよ。

黙っててもまわりに人が寄ってくる。そっちのほうが人間としちゃあ、ずっと上等、価値があるってもんだ。人が寄ってくるってことは、そいつがおもしろいってことだよ。何か人を惹きつけるもんを持ってるんだな。

「あのヤロウ、あんなにいい加減に見えて、筋だけはきっちり通すじゃねぇか。人間としちゃあ、なかなかのもんだぜ。おもしれぇヤツだよ」

そんなヤツにはどんどん人が寄ってくる。いろんな人と出会って、もまれて、つきあいの幅も広がるし、おもしろさにも磨きがかかってくるんだ。そうなりゃ、仕事だっていいほうに回っていくね。

「今度の仕事、あいつにも声かけようか。あいつがいると、まわりが和《なご》むし、仕事も楽しくできるからさ」

ってな具合だよ。**どんな仕事だってムードメーカーが必要なんだ。**おもしろいヤツはこのムードメーカーにうってつけ。何かにつけてお呼びがかかるね。俺はできるんだ、頭がいいんだ、とふんぞり返ってちゃ、こいつはできない相談だ。ムードメーカーには逆立ちしたってなれないよな。

「あんたは頭がすっごくいいんだから、どうぞお一人で何なりとおやんなさい。こっちはあんたと組む気なんか、金輪際《こんりんざい》ないからさ」

となるのがオチだね。

頭がいいってのは疲れていけないよ。そんな自分を保つために、スキを見せちゃいけない、脇を甘くしちゃまずい、っていつも考えてなきゃなんないんだからさ。だけど、俺に言わせりゃ、スキも脇の甘さも愛嬌なんだ。

「あのヤロウ、また、やっちまった。しょうがねぇな、ここは俺が出ばるしかないか」

人さまが「こいつのために何かしてやらなきゃ」と思うのは、愛嬌たっぷりのドジさ加減に可愛げがあって、「しょうがねぇな」と感じるからなんだよ。

四方スキなし、脇ガチガチ、なんてヤツには何にもしてやる気になんかならないね。いいかい、スキだらけだって、脇が甘くったって、気にすることはないんだよ。それを直そうなんてもの了見違い。めざすは一つ、「おもしろいヤツ」、これしかないね。

優等生より「裏通りも知ってる型破り」がいい

このご時世でも「優等生」になろうなんて本気で考えてるのがいるらしい。じゃあ、聞くけど、優等生になってどうするっての？　人生の表通りをまっとうに歩いていきたい、ってわけか。

だけど、**この世の中、誰にだって裏通りに迷い込むことがあるんだよ。**

少しは裏通りも知っとかないと、そこでつぶれちまうね。なんてったって、いまは「機転」と「度胸」の時代だからさ。優等生ってのはこいつがからっきしなんだ。

ずいぶん若い頃だったけど、こんなことがあった。もう何十年も前の話で時効だから、書いちゃうよ。

俺の工場の前にいい車が停まってた。すぐに動かせばこっちだって細かいことは言わないよ。

だけど、いつまでたっても動く気配がないから、邪魔でしょうがねぇやな。見かけない車だし、「このヤロウ！」って思った。

表街道のやり方だったら、しかるべきところに電話でもして、

「うちの前に無断で駐車している車があるんです。違法駐車ですし、邪魔で仕方がありませんから、なんとかしてください」

とやるんだろうね。

けど、俺は違うよ。即、裏街道のやり口で対応だ。ぶっとい針を持ってきて、タイヤをブス！　一本なんてけちなことはしない。四本とも全部だよ。ざまあみろ、と溜飲を下げてたら、持ち主が青くなって飛んできたね。

「ま、まーちゃん（俺のこと）、ひでぇよ、やられちゃったよ！」

車の持ち主ってのが、昔からの友だちだったんだ。

「お、おまえのだったの……!?」

一瞬口から出かかったけど、そこは機転だ。白状したってお互い良いことはちっともないんだよ、この状況は。

俺は言ったね。

「どうしたんだ、おまえ？　あ〜ぁ、こいつはひでぇな。やったなぁ、どこのどいつだ。世の中、悪いヤツがいるから、お互い気をつけなくっちゃな」

しょげ返ってるそいつを励ますことも忘れちゃいけない。

「起こっちまったことは仕方ねぇんだからよ。とにかく、タイヤを取り替えなくっちゃな。俺も手伝うからさ。元気出せよ」

タイヤの調達に走った俺の背中で、ヤツの声がした。

「悪いな、まーちゃん。やっぱ、持つべきものは友だちだよな」

さすがにタイヤを四本取り替えるのは大変だったけど、こっちだって訳ありだから、誠心誠意手伝った。なんとか走れる格好になった車に乗り込んだそいつに、最後に言っといたよ。

「おまえ、今度から工場の前に停めるときは、俺に一声かけろよ。そしたら、こんなことがないように、俺がきっちり見張っといてやるからよ」

「そうするよ。今日はまーちゃんがいて助かったよ。ホント、ありがとう」

もちろんこれは若い頃の話だし、実際、「タイヤをブス！」なんてやっちゃいけないけど、ときには思いきったことをやってのける度胸も必要なんだよな。

肝心なのは後のフォローだよ。とっさに状況を読んで機転を利かせなきゃ、とんでもないことになりかねないからな。

このときだって、真っ正直に「犯人は俺だよ」なんて白状したんじゃ、ヤツとの関係はまずくなるし、お互い気分が悪くなるだけだよ。そこは言わずに、あれこれ世話を焼くからこそ、ヤツも俺に感謝して、友情に胸を熱くしながら帰れるってわけさ。

こんな裏街道の手口も、少しは知っておいて欲しいね。

落語で「切り返し力」を鍛えろ

テレビ番組に出たとき、ビートたけしさんが「岡野さんのしゃべりは落語みてぇだな」っていったけど、そうなんだよ。俺のしゃべりの教本は、子どものころから聞いてきた落語なんだ。一流の噺家《はなしか》の落語はいいぞ、しゃべりのコツの宝庫だね。

仕事でもなんでも、ポンと相手から言葉を投げかけられて、「う〜ん」と言い淀《よど》んじゃったら、もう負けなんだ。相手に「機転が利かないな。こいつはたいしたことない」って思われちゃうんだ。その時点で相手の目線は〝上から〟になるね。いったん出来ちまった上下関係は、そうそう壊せないぞ。

逆に何を言ってもうまい具合に切り返してみな。「こいつはできるぞ」ってことになるんだよ。俺は誰と話してたってしゃべりでタジタジになるなんてことはない。首相時代の小泉純一郎さんが工場を見にきたときだって、「これが痛くない針なの？」って聞くから、

「そうだよ。痛くないんだよ。総理、自分で刺してみなよ」

ってしっかり〝体験〟させちまったよ。何を言おうか考えるようじゃまだまだだね。反射的に「これだ」って言葉が出てくるようにならなきゃな。

落語ってのは、その場その場の状況で何をしなきゃいけないかを瞬時に判断する、頭の回転力を鍛えてくれるんだ。

昔、若気《わかげ》のいたりでケンカになって、相手をぶん殴ったことがあった。ケンカなんてのはどっちがいい、悪いじゃなくてお互いさまよ。

だけど、そのヤロウ、意気地がねぇっていうか、情けねぇっていうか、俺に殴られたって警察に泣きつきやがった。俺と友だちと三人にお呼びがかかったんだよ。

話を聞かれるのは三人別々だ。一緒で口裏を合わされちゃまずいってのが、昔っからのお上の考えなんだよ。三人の言ってることの辻褄《つじつま》が合わなきゃ、そこを突いてくるって寸法だ。

ここはなんとか話を合わせなきゃいけないだろ。それには俺が何を言ってるかをあとの二人に伝えるしかない。俺は質問にでかい声で答えた。そう、隣の部屋に聞こえるくらいにね。ふだんだって声のでかさにゃ自信がある。その俺がでかい声を出そうと思ったら高性能の拡声器並みよ。

「おまえ、声がでかすぎやしないか？　もうちょっと小さい声で答えられんのか」

って何度も言われたけど、

「生まれつき声がでかくて、こればっかりは俺にもどうにもできねぇ」

で押し通した。おかげで三人の口裏、じゃなくて、話はピタリと合って、無事に無罪放免となったってわけだ。これも落語で培《つちか》った「機転力」だよ。

野暮な頭でっかちじゃダメだぞ

「人生いろいろ、会社もいろいろ」って言ったのは小泉純一郎さんだけど、会社のなかの人間もほんとにいろいろだよ。ある世界的に有名なトップメーカーとの仕事でちょっとした行き違いがあったんだ。行き違いったって、こっちが悪いんじゃない。

俺が頭にきてるのが伝わったんだろうな、メーカーからうちの工場に謝りに来たんだ。むこうの担当者一人じゃないよ。七人だったか八人だったか、雁首《がんくび》そろえての団体だ。遠方から来てることだし、俺はあいさつはした。

「悪いね、こんなご時世にたくさん新幹線代使って、わざわざ出向いてくれてさ」

だけど、本題に入る前に俺は外に出ちまったんだ。間に人が入っていたし、話はその人とメーカー側がすればいいと思ったからさ。俺がいて啖呵でも切っちまったら、その人の顔をつぶしちまうだろ？

ちょうど昼時になったから、俺は今半のすき焼弁当を買いに行って、みんなに食わせた。俺が直接持って行って、「これ、おあがんなさいな」なんてことはやらない。あいさつしたら話には加わらないと決めてたから、使いに届けさせたんだよ。

一応、話は終わって、団体さんは引きあげた。さぁ、ここからだ。

俺はそろいもそろって人づきあいってのを知らない連中だなと思ったんだよ。話は間に入ってる人とするにしても、俺の工場に来てるわけだ。地元の名産品の一つもぶら下げてきて、「お口汚しに……」くらいのことは言えなくちゃ、世界のなんとかって看板が泣くってもんじゃねぇか。

俺なんか頼まれて講演に行くときだって、主催者のみなさんに手土産を欠かしたことはないよ。気づかいっていうか、心意気ってのがなきゃ、人づきあいなんてうまくいきゃしないよ。

帰るときも帰るときだ。俺の顔も見ないで団体さんは引きあげちゃった。別に俺は四の五の言うつもりはないよ。だけど、一人くらい気の利いたのがいてもいいんじゃないかと思って、ガッカリだね。

「そろそろ失礼します。岡野さんのお顔が見えませんが、ごあいさつだけさせて頂きたい

ので、お手すきでしたら、お声をかけて頂けませんか？」

このくらいのことが言えないのかっての。

大メーカーの社員ってのは、人の気持ちを汲《く》むってことを知らないのかね。俺に言わせりゃ、人間がわかってない、人ってもんに対して鈍感なんだよ。感性が去勢されちまってんだな。

俺が育った頃の下町じゃ、絵に描いたような貧乏人の親でも、「よそさまにお邪魔するときには、手ぶらで行っちゃあいけないよ」って教えたもんだよ。

人の心、気持ちってもんに鈍感じゃいけないよ。

小賢しいウソより「大ぼら吹き」が楽しい

ウソをついちゃいけないなんてのは、ちっともためにならない教えだね。親からこれを言われたことがないって人はいないと思うけど、生まれてこのかた、いっぺんだってウソをついたことがないヤツはいないよ。

法華経《ほけきょう》にだって「ウソも方便」と書かれてるくらいで、ときにはウソをついてもいいことになってる。ウソはお釈迦《しゃか》さんのお墨付きってわけだ。

だけど、小賢《こざか》しいウソは俺は嫌いだね。ことが自分に有利に働くように、話をでっち上げたりするヤツを見ると、虫酸《むしず》が走るよ。

「こんなこと言っちゃいけないんだけど、じつはあいつ、陰であんたのこと、こんなふうに言ってんだよ」

あることないこと吹き込んで、相手の気持ちを自分に向けようなんて、みみっちくていけねぇよ。言っちゃいけないことは、口が裂けても言わないってのが、まっとうな人間のルールってもんじゃないのか。

どうせなら、大ぼら吹くくらいじゃないと、人生楽しくないよ。大ぼらを吹くとまわりが変わるんだ。

「岡野のヤロウ、よくもまぁ、あそこまで大ぼら吹いたもんだぜ。俺にできない金型はないって？　おもしれぇ、できっこないのを頼んで、ギャフンと言わせてやろうぜ」

他人に大口たたかれたら、気分はよくない。自分じゃそこまで大きく出られないとなりゃ、嫉妬心だって湧くし、その裏返しで、いじめてやろうって気持ちにもなるもんなんだ。こっちにしたら思うツボだよ。

できっこない金型の依頼がきたら、さぁ、戦闘開始。岡野劇場の幕が開くって寸法だ。大ぼら吹いちまってるんだから後には引けないよ。何がなんでも完成させなきゃ、男が廃《すた》る。無理して自分を追い込まなくても、自然に背水の陣が敷けるんだよ。なにしろ、

「やっぱり、できねぇ」

ってのが禁句なんだから、とことん自分を賭けて仕事に取り組めるってもんだ。最初からうまくいくなんて考えてないし、失敗したってめげてる暇もないよ。それどころか、失

敗がかえってやる気を奮い立たせてくれるんだ。だから、俺は絶対に途中で投げたりしない。

「ここがまずかったか。よし、じゃあ、こうしてみるか。さぁ、これならどうだ！」

何度失敗したって、そのたんびに失敗からヒントを見つけていけば、いつかは完全なものができる。俺はそう信じてるからね。実際、いままで〝引き受けたけど、できなかった〟って仕事はただの一つもない。失敗を重ねるほど、腕は磨かれてきたよ。

みんなも、できるとわかりきってる仕事ばっかりやってたって、おもしろくも何ともないんじゃないかい。ときには大ぼら吹いてみなよ。そして、自分を賭けてやってみりゃいい。失敗したって命までとられやしないんだからさ。

そんな経験したら、絶対、仕事観が変わるね。

column

【職人のオフレコ談義】

③俺が奮い立つ殺し文句

うちの工場はいつからか、企業の駆け込み寺みたいになってる。

企業が新製品を開発しようとするときには、新しい部品が必要になることが多いんだ。そこで、企業はいろんな工場をまわって「こんなものができないか？」ってやるわけだけど、それまでこの世の中になかったものが、そう簡単につくれるわけないよ。

何軒訪ね歩いても、判で押したように「できません」の答えしか返ってこないってことになると、さぁ、うちの出番だね。「ずいぶんあたったんですが、どこもできないっていうんですよ。岡野さん、なんとかつくってくれませんか？」とくるんだよ。

まぁ、言ってみりゃ、どこの病院でも治療法がないって断られた難病患者が、「あんたしかいないから、治してくれ」と言ってくるようなもんだね。

もちろん、病院にもいろんな科があってそれぞれに専門医がいる。脳外科医に心臓病治してくれって言っても無理な話だ。同じように、俺にも専門がある。それが「深絞り」と言って、一枚の金属板に圧力を加えて変形させる技術だ。

「深絞り」にかけちゃ、俺は自信がある。それも、「あんたしかいない」って台詞《せりふ》にめっぽう弱い。燃えるねぇ。

引き受けるかどうかは〝勘〟しだいだ。成功の絵図が見えたら、受けるわけだけど、どのくらいの可能性があるかを見きわめるのは、いままでの経験からくる俺の勘しかないんだよ。こいつばかりはほかの誰にも判断できないな。

いままで誰もやったことがないことをやるんだ

よ。どんな材料がいるか、どの技術が必要か、どれくらい時間がかかるか、なんにもわかりゃしない。見積もりなんか出しようがないんだよ。これから難病の治療法を考えようってときに、先に治療代を教えてくれったって、無理な相談じゃないか。

それでも企業はおおまかな予算を計上しなきゃいけないだろう？　だからたとえば「今までの経験からして、これは二～三〇〇〇万くらいかかるかな」と思ったら、「予算は一億とってくれ」と言う。相手のやる気を試すためだよ。それでいいとなりゃ、商談成立だ。

もちろん、その仕事が終わった時点、完成した時点でかかった額が五〇〇〇万だったとしたら、請求するのも五〇〇〇万だよ。一億くれなんて言うわけない。でも、一億の予算をとった企業も、その担当者も、予算の半分でいいものが仕上がりゃ、こんないいことはないだろう？　評価も上がるしな。

それはいいとして、いったん引き受けたら、俺はありったけの知恵と技術を注ぎ込むね。誰もやったことがない仕事ってのが、理屈抜きに好きなんだよ。好きだから仕上げるまで粘れるんだ。

ふつう商品の値段ってのは、材料費に人件費、もろもろの経費に利益を乗っけて決まるだろ。だけど、うちはそんなの関係ないな。原価が一〇〇万円の金型を、相手は喜んで、一〇〇〇万円、一五〇〇万円で買っていく。

うちにしかない技術やノウハウがなきゃできないんだから、原価がどうのこうのって話じゃないんだよ。

第4講

泣き寝入りするな、やられる前に動け！

「痛くない注射針」の抵抗勢力を黙らせた裏ワザ

ケンカするんだったら勝たなきゃな。

これは何があっても曲げられない岡野流哲学だね。ただし、ケンカだっていろんなやり方があるんだよ。

俺が「痛くない針」を開発したってことは、知ってる人も多いと思うけど、あのときも「ここはケンカしかない」って場面があったんだ

ある筋から情報が入った。もしかすると、「痛くない針」がお蔵入りになるかもしれないっていうんだよ。まぁ、産業界じゃ、進めてたプロジェクトがなにかの圧力でストップするってことは珍しかないいんだけど、こっちは命を張って開発してるんだ。「やぁめた」じゃかなわない。

ケンカしなきゃなんない場面だよ。

策を練って、俺はこんな手を打ったんだ。

「こいつは内緒なんだけど、いま、テルモが新しい針をつくってんだよ」

マスコミにバラしちまったわけよ。リークってやつだな。

ほんとはやっちゃいけないことなんだけど、ときには禁じ手も使うくらいじゃなきゃ、ケンカには勝てないっての。学校じゃ「禁じ手を使え」なんて教えてくれないけど、俺が勉強したのは昔の赤線「玉の井」だからね。「ここはこの手だ！」ってピンときたね。

痛くない針ができりゃ、大勢の人が幸せになれるんだよ。「注射ダコでもう打つところがない」なんてことはなくなるんだ。

途中でストップをかけられりゃ、俺も困るけど、実際に針を使う人たちは、これからもずっと、痛い思いをしなきゃなんないわけだよ。

禁じ手を打ったおかげで、テルモも後に引けなくなり、「痛くない針」は完成した。情報に対応して何か行動を起こすときは、タイミングがキモなんだ。あのとき俺がタイミングを逸していたら、抵抗勢力に飲み込まれちまったかもしれない。

みんなにだって、やりたいことを実現するには、思いきった行動が必要だってことがあるだろ。タイミングを見きわめろよ。それさえ見誤らなきゃ、上司に〝直談判《じか》〟なんてちょっとした禁じ手も、必ず功を奏するもんなんだからさ。

抵抗勢力もそうなんだけど、世の中には保身ってやつが横行してるね。以前、うちでプラズマテレビのディスプレイの反射板の開発を頼まれたことがあった。こいつができるとテレビの値段が格段に安くなるっていう、画期的な開発だよ。

仕事は手いっぱいだったけど、「おもしれぇ」と思ったから引き受けた。四カ月くらいで試作品ができて、量産の目処《めど》もついたんだよ。そしたら、先方の研究部長とかいう人間がやってきて、こう言ったんだ。

「ここまでやってくれるとは思わなかった。ただ、岡野さんの所でできたってことになると、ずっと研究してきた我々の立場がなくなる。へたをしたら、研究部門のスタッフのクビも危うくなるんです。どうでしょう? ここは、できたことを会社の上層部に報告するのを、少し待ってもらえませんか?」

自分の保身のために、「できてるもんをできてないって言え」ってわけだよ。上等だよな。こんなことだから、ダメなんだよ。大企業がこんな体質じゃ、新しい技術の発展も、モノづくりもできるわけないよ。つきあってられないと思ったから、俺は仕事を降りることにした。相手の役員に電話して、

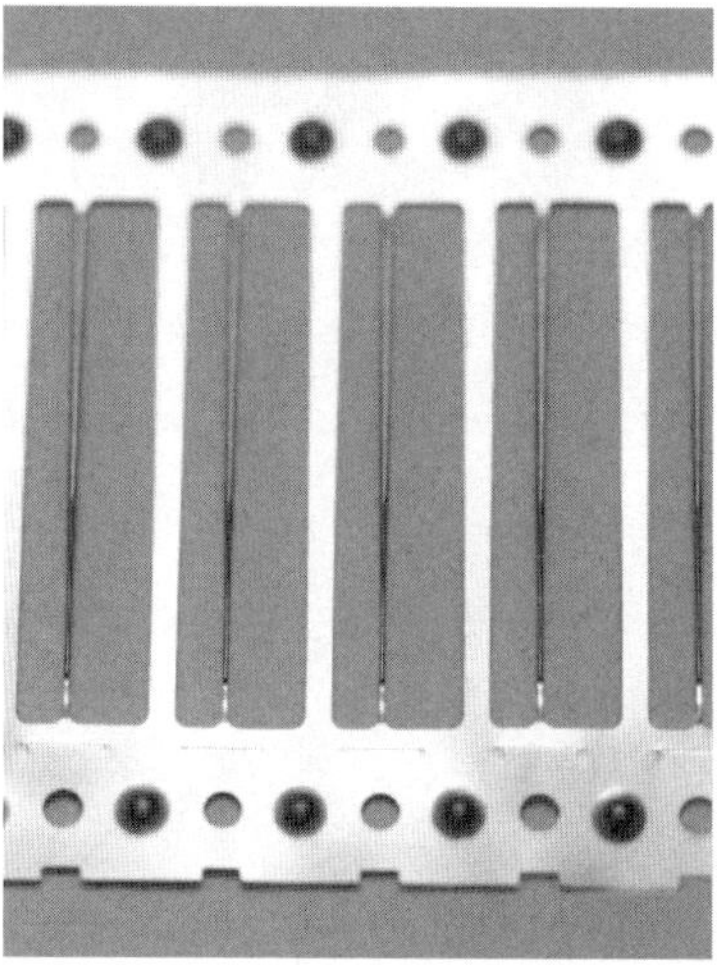

⬆「痛くない注射針」
当初、有名な理論物理学者に「理論的に不可能」と言われたが、見事に完成。それまでの注射針は、パイプ状のものを切断してつくるのが一般的だった。その方法でも、0.2ミリの太さの円柱状のものならできる。しかしそれでは空気抵抗を受けるため液体をうまく押し出せず、注射針としては具合が悪い。
不可能にも思えるこの難題をクリアしたのが、「1枚の板を丸めてつくる」という独自の発想だった。針の先端（写真の下側）にいくほど細くなっていく（テーパー形状）ようにした。これによって、刺しても痛くなくて、しかもスムーズに注入できる針が生まれた。

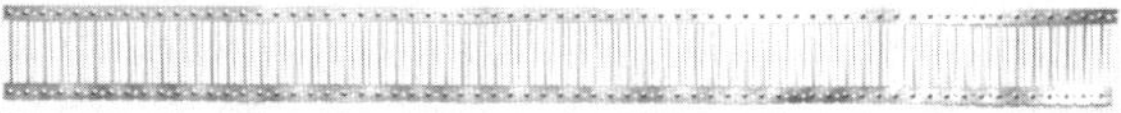

⬆高価なものでは患者さんに使ってもらえない。安価で採算ベースに乗せるためには量産できるようにしなくてはならない。
「ひとつの試作品を成功させるのと、量産を成功させるのでは、F1レーシングカーと一般車のような、天と地ほどの違いがある。金型の材質、潤滑油など、何百回とやり直しをした」

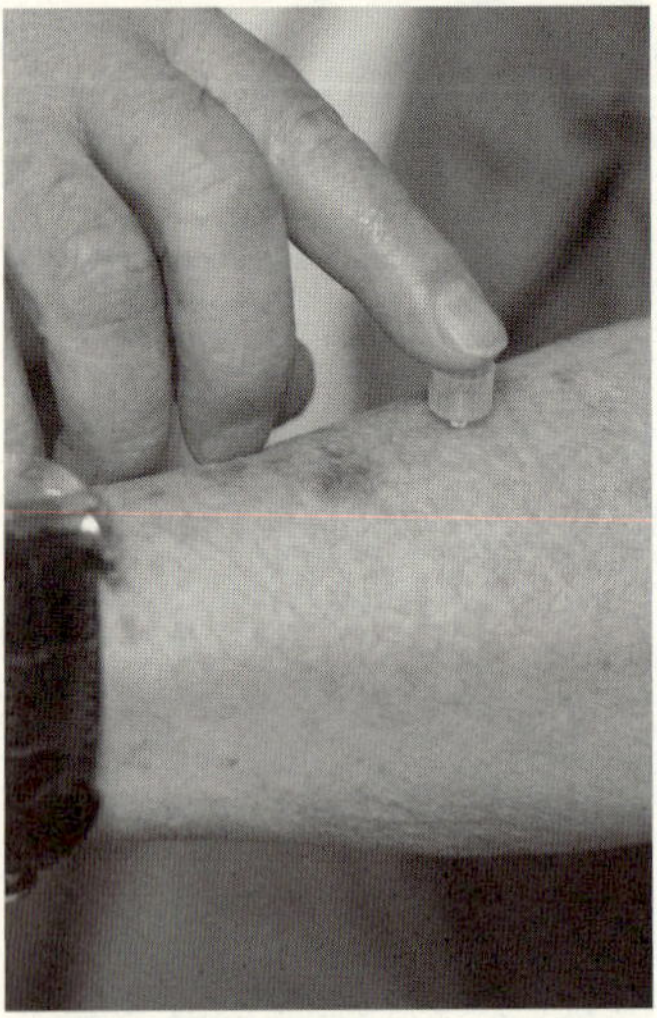

➡刺しても蚊に刺されたくらいにしか感じない。
「糖尿病で１日に何回もインスリン注射をしなくちゃいけなくて、腕にタコができてた子が『痛くないよ！　こんな針をつくってくれて本当にありがとう』と言ってくれたときの感激は忘れられないよ」

「おたくの会社がまとまってないんじゃ、やる気はないよ。俺は降りる。じゃあな」でお終いだよ。**保身で凝り固まってるってのは始末に悪いや。相手にしないのがいちばんだね。**

ＤＶＤの部品でもおんなじようなことがあった。発注先も最初はわざわざ一台四〇〇〇万円もするプレス機をうちの工場に入れるってくらい熱心だったんだけど、できてみたらパァだよ。お決まりの社内のゴタゴタ。立場がなくなる連中が抵抗したんだろうな。

どこにもできない技術だったから、そこがまともにやってりゃ、何億、何十億って仕事だったんだけど、仲間内で足を引っ張りあって、フイにしてりゃあ世話ないよな。「知恵者一人、馬鹿万人」って言葉があるけど、いまの世の中、そのまんま。

道理をわきまえてない輩《やから》が多くて困ったもんだよ。みんな、〝万人〟のほうになっちゃいけないよ。

「闇から鉄砲」より「誰がやったかわかる成敗」

みんなにだって「あのヤロウ！」って思ってる人間がいるだろ。いつか鼻を明かしてやろうって相手だな。

だけど、**コノヤロウと思ってるだけじゃつまんないだろ？　実際に泣きっ面を見ないことには、溜飲は下がらねぇよな、違うかい？**

俺も昔はずいぶん荒っぽいことをやったよ。ある会社に、うちにたくさん仕事を出してくれる人がいたんだ。俺は恩義を感じてたし、いい関係ができて、仕事もうまくいってたわけだ。それをその人の上司がやっかんだんだな。部下がいい仕事をしているのが気に入らないってのがいるだろ。

上司のヤロウ、難くせつけてその人をつまんねぇ部署に飛ばしちゃったんだよ。こっちの仕事も止まった。もちろん、うちの利益がなくなったことにも腹が立ったけど、それより恩義のあるその人が活躍の場を奪われたのが、俺には我慢ならなかった。

　俺はその人に上司の家を聞いて、ひと泡吹かせてやることにしたんだ。詳しいことは言えないけど、夜、こっそりそいつの家に行って、停まってた車に〝ちょいと細工〟したってわけだ。細工ったって、事故につながるような危ないことじゃないよ。

「○○さん、明日おもしれぇことになるよ。あの上司のツラ見に行ってみなよ」

　そう報告しといたから、その人は上司のツラを拝みに行ったんだな。

　すっかり萎《しお》れちゃってたってよ。

「何かあったんですか？」

　その人がとぼけて聞いたら、上司のヤロウ、

「お、俺の車がぼろぼろだ……」

　って言ったきり絶句しちまったってよ。上司には俺がやったって分かってたんだよ。そんなことまでするのは、「玉の井学校」出の俺しかいねぇもん。こっちも「これは岡野のしわざだ」と分かってもらわなくちゃ、おもしろくねぇや。

　俺は闇から鉄砲を撃つような真似はしたくないからね。ヤロウだって、やられるだけの理由があるってのは分かってんだ。俺にやられたと分かったって、自分に後ろめたいとこ

ろがあるから文句の一つも言えないんだよ。実際、俺が会社に顔を出したら、ヤロウ、突っかかってくるどころか、逃げ出しやがった。

相手の弱みを見きわめて、そこを突くんだ。悪いのは向こうだから遠慮はいらねぇよ。

だけど、万一のときの「保険」はかけとかなきゃいけないよ。ヤロウの察しが悪くて、そこらの若造かなんかのいたずらだと思ったらどうなる？　警察に通報でもされたら、とんでもないことになっちまう。

だから、はっきり「岡野のしわざだ！」と分かるように〝細工〟してやったんだよ。

案の定、ヤロウも察しがついたんだな、万事こっちの思惑どおりに運んだんだけどさ。

ほめられたことじゃないけど、俺は恩義のある人、惚れ込んだ人のためだったら、そこまでやるね。みんなに「おんなじようにやれ」って言うつもりはないんだよ。ただ、それくらいの気構えを持って、仕事も人とのつきあいもやって欲しいね。

ケンカはファックスにかぎる！

ケンカは頭を使わなくっちゃいけないね。ケンカったっていろんな場面があるだろ。その場面、場面でいちばん有効な手を打つのがケンカ上手ってもんだよ。

名の通った大手電機メーカーと仕事をしたときのことだけど、うちはモーターケースの金型を請け負って商品を納めた。月産二〇万個くらいつくれるやつだ。もちろん、ハンパな金型なんかつくってないから、不備が起こるはずがなかった。

ところが、メーカーからクレームが入ったんだよ。加工する材料が金型を通らないって言うわけだ。送られてきた品物を見たら、金型にはなんの問題もないことがわかった。トラブルの原因は、材料にメッキを張りすぎたことにあったんだよ。

メッキを張ってるのはメーカーだったから、誰が考えたって、こっちのミスじゃないよな。だから、それを説明したんだけど、先方の担当者は「うちにはミスはない」って言い

NO1 [redacted] へ

[redacted] 金型の件

特に当社は加工したいとは思っていません最初からこちらは乗り気ではなかったのですぐに中止しましょうか？

こちらがむりに仕事をやらせてもらいたいとたのんだわけではないのです、気分悪いとこの仕事をしないのが当社の方針です「精度は出せ、金は出さない」という会社との取引はおことわりです、岡野工業を良く調査した上で仕事を頼む事。

NO2

[redacted] に出来る仕事ではないでしょうね、百工程位かけて製作する事が [redacted] さんには丁度おい以合のようですね。
[redacted] さんとは当社の社長は今後いっさい話したくないとの事です
[redacted] さんのような人には [redacted] がピッタリでしょう
今だかって [redacted] の仕事をやらせてくれとたのんだつもりはないのですよ その事をよーく考えて [redacted] さんに責任をとっていただきます。今迄の費用は支払っていただきます。[redacted] 迄
社長が出向いたことをありがたいと

NO3

思っていただきましょう
おりかえし返事がなければ
何回もこの文をファックスで
送ります
ファックスで便利ですね。
アハハハハ・・・・・
4月26日午前10.00迄に
返事待ってます。岡野
（[redacted] 様にも相談して下さい）

東京都墨田区東向島
岡野工業株式会社
TEL (03) 619－
ファックス (03) 610－

↑←誰もが知る発注元の大企業に、実際に送ったファックス。

企業規模の大小は無関係、完全に対等な関係で仕事をする。大企業であることを振りかざして筋の合わないマネをするなど言語道断、泣き寝入りなど一切しないという姿勢が徹底している。

「俺は相手がどんな世界的な大企業だろうと、会社の名前では取引しない。担当者が信用できるヤツかどうかで決める」

[redacted]様

請求書通り支払って
いただきます
今日中に連絡のない時
は金型を取りはずしに
行きます　値引は出来
ません
18日にも[redacted]様宅へ
お電話しましたが返事が
ありませんでした

東京都墨田区東向島
岡野工業株式会社
TEL.(03) 619—
ファックス (03) 610—

張りやがった。ミスを認めたら立場が悪くなるってわけで、あくまでこっちにミスを押しつけようって魂胆だ。

何度説明しても、「金型を手直ししろ」しか言わないんだよ。どこにも不具合がないのに手直しのしようがねぇっての。

俺は「やる」と腹を決めたね。言いたいことを書いたファックスを送りつけたんだ。なんでファックスを使ったか、わかるかい？

電話じゃ、直接、担当者にかけたところで水かけ論で終わっちゃうし、担当者がほかの人間に言うわけないから、社内には何が起こってるか、わからないままだろ？　ファックスだったらそうはならない。

送られてきたファックスはたいがい新米が受けて、当事者に回すわけだ。そのとき内容も見るさ。それで「岡野工業さんは、えらい剣幕で怒ってるみたいだな」ってことになりゃ、まわりに言わずにいられないのが人情だ。

この手の話は広まるのが速い。たちまち社内は、あの担当者と岡野工業はトラブルになっているらしい、どうも担当者が岡野工業に責任を押しつけてるらしい……という話で持ちきりになるって寸法だ。なにしろ、こっちは、ことの顛末《てんまつ》を怒りの筆でぶちまけてるんだ

からさ。

そうなりゃ、担当者も勝手な御託《ごたく》を並べてるわけにはいかなくなる。放っといたらもっと社内の自分の株が下がるから、嫌でもまっとうな対応をしなきゃならなくなるんだよ。

電話じゃ、話をしなきゃならないから、時間がもったいないし気分も悪いけど、ファックスなら送信ボタンを押すだけですむ。相手の反応がなきゃ、何度でも送りつけてやりゃあいい。

いつまで送るかって？ 相手が対応してくるまでに決まってるじゃねぇか。

とにかく、ことを公にしたかったらファックスにかぎるね。いまはメールで

のやりとりが主流になってるから、かえってファックスは注意を引くんだ。

「おっ、ファックスだ。いまどき珍しいな。どこからかな？　わざわざファックスを使うなんて、いったいどんな内容なんだ？」

ってことになるのは間違いないね。それが何度も送られてきてみな。尋常じゃない事態が起こってるってことが確実に知れ渡る。

ボタン一つ押すだけで、血相を変えた担当者が飛んでくるんだから、こんなにうまいケンカの道具はないよ。

強い相手をギャフンと言わせる頭脳戦

難攻不落の相手を攻め落としたときってのは気持ちいいね。戦国時代の城攻めでも、簡単に落ちたんじゃ張り合いがなかったんじゃないかな。仕事も戦場だから、相手によっていろんな策を練らなきゃいけないんだ。

俺が面倒を見たプレス機の営業マンがいた。メーカーに入社してから地方の営業所に回されたんだけど、とにかく売れない。真面目なだけじゃ、仕事の成績は上がんないんだよな。その彼がいくつか営業所をへて、うちの近所に配属されたんだ。

営業所の所長とは顔見知りだったんで、うちにも挨拶にきて、俺に言うわけさ。

「岡野さん、なんとか売り上げが上がるように鍛えてくださいよ。ここでダメだと、彼もまずいんで……」

頼まれたら嫌と言えねぇのが性分だ。話をしてみると、なかなか気性のいいヤツだったから、「あの会社に行ってみな。俺の紹介だって言えばいいよ」と心当たりに行かせるようになったんだよ。プレス機もそこそこ売れるようになった。

ある日の夕方、すっかり落ち込んじまった彼が工場に来たんだ。俺が紹介した大きな会社に営業に行ったら、話もろくろく聞かないで、「おまえのところのプレス機なんかいらない」と追い返されたっていうんだな。

紹介した手前、俺も頭に来た。その会社は下請けをいくつも使ってる元請けだったんだけど、目線の高さが気にいらねぇや。「よぉし、見てやがれ！」。俺は吠《ほ》え面《づら》をかかせる策を考えたね。

狙いは下請けの会社だ。下請けの会社にどんどんプレス機を入れさせちゃうわけさ。値段も安くして、月賦でもなんでも買いやすい条件を出せば、多少の無理はしても下請け会社は買うという読みが、俺にはあった。彼も熱心に営業に回ったから、ほとんどの下請け会社に新しいプレス機が入ったんだよ。

そのあいだ、彼には「絶対、元請けだけには顔出しちゃならねぇぞ」と言い含めといた。

さぁ、外堀は埋まったわけだ。使ってる下請けがみんな新しいプレス機を入れてるのに、元請けだけが相も変わらず、古いプレス機を使ってるってのは具合が悪いや。元請けとし

ちゃ、買うしかないんだよ。

営業に行けば、その場で入れたと思うけど、俺はじらし作戦を続行したね。向こうが折れてくるまでたっぷりじらしてやったんだ。最初に追い返してるから、向こうも面子《メンツ》があったんだろ。案外、粘りやがった。

プレス機を買ったのは一年後だった。彼は嬉々として報告に来たね。

「岡野さん、売りましたよ。欲しがってるのが手にとるようにわかったから、岡野さんに言われたように、定価にバッチリ上乗せしときました」

落城だな。それも定価より高く売りつけたんだから、こっちの思惑どおりの落城だよ。

営業はとにかくマメに顔を出すことが鉄則には違いないけど、いつも正攻法ばっかりじゃダメだよ。ときには相手の心理を読んで、兵糧攻めだの水攻めだのって、攻め方を変えなきゃな。

難攻不落に見える相手ほど、そんな裏をかいた策に弱い。こいつは覚えとくといいね。

売られたケンカは受けて立て！

従業員五人の町工場と聞きゃあ、誰だって「あぁ、大企業の下請けで食ってるんだ」って思うだろ。冗談じゃねぇっての。うちは下請けとは違うんだ。うちがやるのは大企業の開発部門でも研究部門でも手に負えない仕事だよ。金型だってプラントだって、うちにしかできないんだから、値段を叩かれる、きつい納期に縛られるなんていう、下請けの「悲哀」とはまったく無縁。企業から高飛車に文句を言われたことなんか、ただの一度もないね。まぁ、文句を言おうったって、言わしちゃおかねぇけどさ。

いくら技術が高い会社でも、量産してるうちに少しは不良品が出るんだよ。発注元の大企業もそれは織り込みずみだから、文句の対象にはならないけど、うちはその不良品も絶対出さないからね。「痛くない注射針」も一年で一億本納めて、一本も不良品なし。ほかとは精度が違う。こっちから「したきゃ、下請け扱いしなよ」と言ったって、企業は「そ、そんな、めっそうもない」ってのが、岡野工業と企業との関係なんだよ。

みんなも、雇われ人根性は持たないほうがいいね。その根性に囚われちまうと、理不尽に耐えるのが習い性になるんだよ。言いたいことも言えない、悪くもないのに謝っちまう。ダメだよ、そんなんじゃ。

なにか一つでいいから、「こいつだけは自信がある」ってもんを早く持つといいね。それがあると、俺はこの会社でここはいっぱしにやってるんだ、と思える。会社っていう組織に引け目を感じることがなくなるんだよ。

こっちに落ち度がないときは、頭なんか下げるんじゃないぞ！　とにかくその場がおさまりゃいいなんて考えて、謝っちまったら、謝りぐせがつくね。

こいつが厄介なんだ。ちょっと強気に出れば、あいつはすぐ頭を下げるなんて思われたら、相手はどんどん図に乗ってくる。無理難題を押しつけられて、にっちもさっちもいかなくなるもんなんだよ。

こんなことがあった。うちが納品した部品に発注先がケチをつけてきたんだ。粗悪品が混じってるから、検品をやり直せってわけだ。検品はしっかりやってるし、粗悪品が混じるなんてことは考えられない。だけど、向こうの確認間違いってこともあるから、粗悪品がないことを分かってもらうために、もう一度、検品をやるのはいいんだよ。

腹が立ったのは、向こうが着払いで送りつけてきたことだ。部品を送るときの送料はこっちが持ってるんだから、着払いはねぇだろ？　俺は先方に怒鳴り込んだ。

「着払いってのはどういうことだい？　俺は金のことを言ってんじゃねぇよ。筋ってもんがあるだろうが！　こっちは下請けじゃねぇんだ。あんたんとこがそういう了見なら、今後、いっさい仕事はやらねぇ。それから、納めた商品をしっかり目ぇ見開いて見てみな。粗悪品なんか一つもねぇぞ。文句、クレームってのはな、きっちり確かめたうえでするもんと決まってるんだ。わかったか！」

結局、問題は向こうの会社でやったメッキにあったことがわかった。てめぇの足下見てからケンカは売れってんだよな。世話が焼けるやつが多くて疲れるよって言いたくなったぞ、本当に。

誰が相手だろうと、怒るときには怒んなきゃダメ。俺は、それもまわりから一目置かれるコツだと思ってるね。自分が悪くもないのに下手に出てたら、足下を見られるだけなんだよ。それがどんどん自分を小さくしちまうってことはわかるだろ？

自分に理があるときは、堂々と自己主張すりゃあいいんだ。まわりだって認めるよ。

会社の大きさを鼻にかけるヤツのヘコませ方

大企業、一流企業の看板なんかにビビることたぁないよ。うちには世界に冠たる自動車メーカーや家電メーカーの人間が始終出入りしてるけど、俺はその看板と仕事をしてるわけじゃねぇんだ。

依頼を受けるかどうかを決める条件はたった一つ。担当者の人間性だよ。「こいつは信用できる」と踏んだら、まず、断ることはしないよ。

だけど、大看板をかさにきて、「世界の○○だ！」って態度に出たら、世界のなんだろうが、「帰んなよ。あんたと仕事する気はないからさ」と追っ払っちまうね。でかい会社の名前を出しゃ、どこでもへいこらするなんて考えてるのは、とんだ勘違いってやつだよ。

いいかい、みんなのなかにも大企業に勤めてるのがいると思うけど、看板を振りかざしてふんぞり返ったりするのはやめなよ。はっきり言って、みっともねぇからさ。看板に頼るのは、裸一貫、ひとりの人間としちゃあ大したことないって、自分で白状しちまってるようなもんなんだよ。看板下ろしたら、誰も相手にしねぇや。

大企業は従業員を大勢抱えてるだろ。なかにはたちの悪いのがいるんだよ。俺もずいぶん騙《だま》されてきたね。だけど、これだけは言っとく。

騙されるのは仕方がないけど、騙されっぱなしはいけない。納得できるカタをつけとかなきゃ、自分が大きくなれないんだよ。

ある大企業から金型を頼まれたことがあった。難しい仕事でそれまでいろんなところをあたったけど、どこもできなかったってんで、うちに来たわけさ。いくつも試作品をつくったりしてたから、思うような予算がなかったんだな。金型だけでなく製品までつくって、その代金に金型代を乗せて請求してくれってのが、依頼の条件だったんだよ。

俺はその条件を飲んで仕事が始まった。当初の担当者とは気心も知れてたから、仕事はなんの問題もなく続いたんだ。

ところが、大企業には人事異動があるだろ。一年後くらいに異動があって、担当者が変わったんだよ。

そしたら、新しい担当者がうちが納めてる製品の単価が高いなんて、ぬかしやがった。

高いのは当たり前だよ。もらってない金型代を単価に乗せてんだからさ。俺は前の担当者と「そういうことで話はついてる」って説明した。

ヤロウ、なんて言ったと思う？

「そんな話は聞いてない。しかし、金型代が欲しかったら払ってやるから、金型をよこせ」

……上等じゃねぇか、玉の井魂に火がついちゃったねぇ。

「そうくるかい？　悪いけどうちには金があるんだ。だから、金型代はいらねぇよ。金型も渡してやる。だけど、金型代はまだ半分ももらっちゃいねぇんだから、全部渡すわけにはいかねぇな。半分に切ってやるから、半分だけ持ってけ！」

その啖呵を聞いても、最初は口だけの脅し文句だと思ったみたいだね。町工場ふぜいが、大事な金型を切れるわけないって、タカを括《くく》ってたんだろ。俺、ヤロウの目の前で金型を切ってやった。

そこで慌てたって、青ざめたって、後の祭りよ。騙したのはそっちなんだから、金型が使えなくなってどうなろうと、知ったこっちゃねぇよ。

勤め人じゃ、そこまではやれないだろうけど、覚悟を見せつけることは必要だよ。気迫だな、気迫。

相手のやったことに「俺は心底、怒ってんだぞ！」って気迫を持って臨めば、なにも言わなくったって、相手は覚悟を感じるんだよ。こいつはビビる。もう、騙してやろうなんて気にはならねぇもんだよ。

陰でコソコソやるな、筋を通せ

仕事を要領よくやろうなんて考えるなよ。大事なのは筋を通すってことなんだ。どんなにうまくことを運んだつもりでも、「お天道《てんとう》さまはお見通し」だよ。してやったなんて思ってるそばから失敗するね。

昔、うちでウォークマンの電池ケースを手がけたことがあった。それまでのケースは溶接したものだから、液漏れが問題だったんだ。電池を納めてた京都のメーカーがソニーに怒鳴り込まれて、色を失ったってわけさ。

そりゃあそうだ、たかが一〇〇〇円の電池の不備で、三万、四万のウォークマンを弁償するんじゃや、ソニーだって目もあてられねぇよ。

だけど、メーカーもしぶとかった。ソニーに「だったら、溶接じゃなく、これを絞れるようなところを紹介してくださいよ」ときた。それで、俺のところを聞きつけたってわけだよ。

　うちに来たのはメーカーの重役かなんかだった。もう「頼みます」「拝みます」の平身低頭だよ。じゃあ、やるかってことになったんだけど、いちいち打ち合わせだ、図面のチェックだなんて、京都まで行ってらんないよ。

　そこで、間に商社の人間を入れたんだ。

　うちはつくるだけで、あとは全部その人間がやる。儲けは折半って条件だ。なにしろ、月に一〇〇万個つくれってわけだから、小さい商売じゃない。値段は俺が一個三八円とつけたから、月商三八〇〇万円だよ。

　間に入った人間は一気に景気がよくなったね。それまでポンコツ車に乗ってたのが、とたんにシーマに乗り換えやがった。

　注文はその後も増えて、うちだけじゃとてもまかないきれなくなったんだ。それで、マブチモーターの下請けやってる工場を紹介されたんだな。そこは仕事がないっていうし、とにかく人間的には真面目でよくやるっていうから、俺は金型から何からそっちに譲って、電池ケースの仕事は全部出すことにしたんだよ。

「採算が合うように見積もってきなよ」って言ったら、一個二一円で見積もってきた。だ

金型
分野
リチ
期的
と

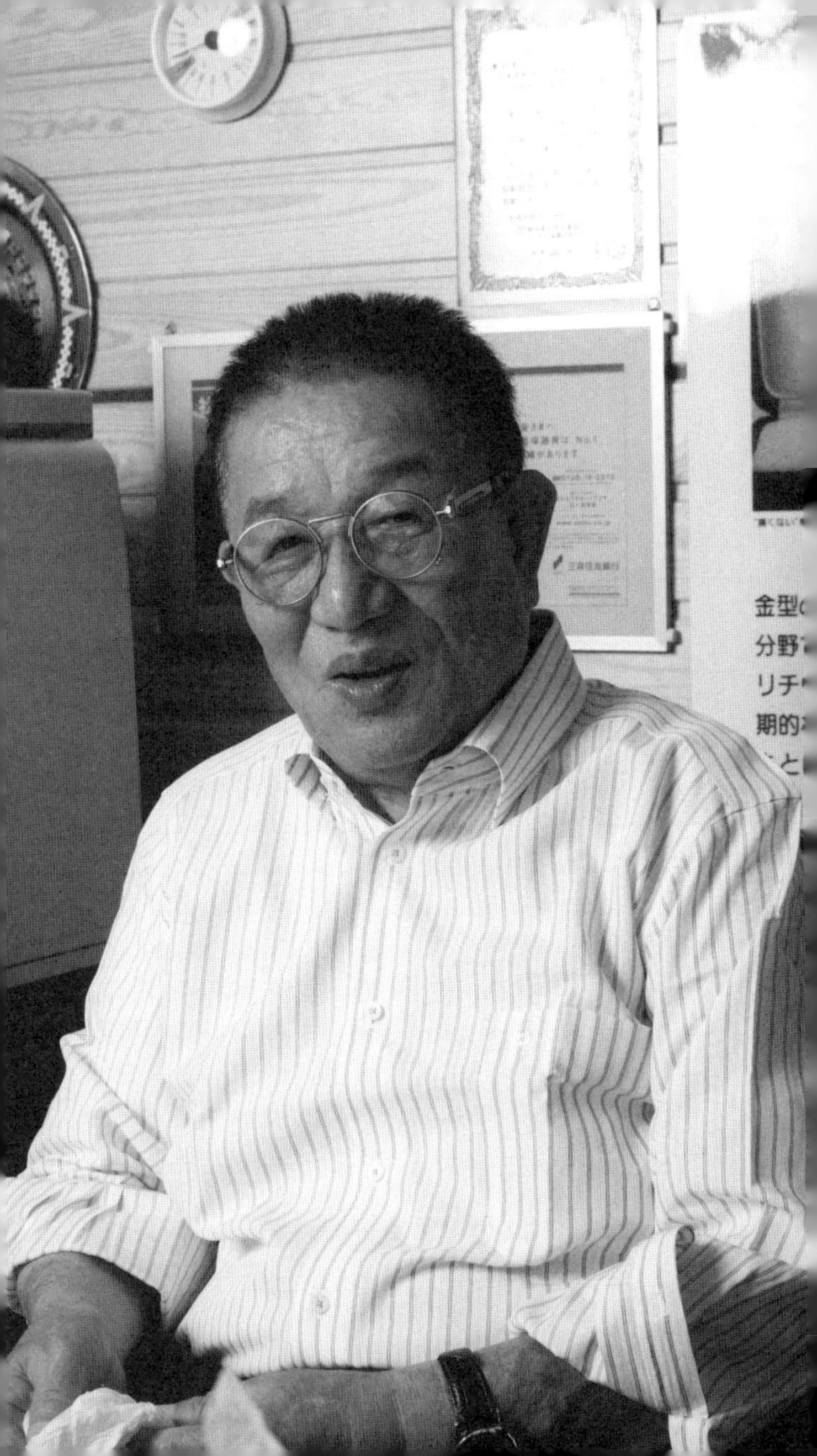

けど、俺は二三円ってことで話を決めて、仕事が始まったってわけだな。「岡野さん、もう、寝ないで頑張りますから……」とか言ってたね。持ってった見積もりより値段が高くなるなんてことはありえない話だから、喜んじゃって大変よ。

二年くらい仕事はうまくいってたんだ。

ところが、まわりに乗せられちゃったんだな。まわりとしちゃぁ、てめぇたちが仕事がなくて苦労してるのに、そいつだけが一人、抜け出していい仕事にありついてたら、おもしろくないわけだよ。「あいつの足引っ張ってやろうぜ」ってことにもならぁ。みんなしておだてにかかったんだ。

「おまえさ、岡野さんみたいな小さなところの下請けなんかやることねぇよ。ここまでおまえがやってきたんだから、直接、メーカーとやったほうがいいよ」

まわりは適当にけしかけて、失敗でもすりゃ御《おん》の字ってところだったんだろうけど、そいつすっかりその気になって、おだてに乗りやがった。値段はおんなじ二三円でも、メーカーと直接取引してるとなりゃ、箔《はく》がつくと思ったんだろ。メーカーだって、俺が入って三八円より、そいつから、直接、買ったほうが得だ。話はまとまったってわけさ。

だけど、メーカーは甘くない。そこが直接、納めるようになったらすぐに二三円を一八円に下げたんだ。岡野工業っていうブランドがあったから、二三円だったんだよ。俺が入ってるときより、五円も安くやらなきゃいけないようになったんだから、先が読めねぇってのは救いようがないんだよ。

コソコソ陰で動いてるのはわかってたし、俺は別にそこが直接やったからってどうってことはなかったんだ。

「岡野さん、これこれこういうことになって、直接、メーカーとやらしてもらいたいんだけど、あと二、三カ月したら、そういうふうにさせてもらっていいですか？」

って話をしに来て、筋さえ通せば、文句は言わねぇよ。ところが、そいつなんて言ったと思う？

「岡野さんの下請けは明日からやめます」

だよ。頭に来たねぇ。ここは裁判で決着つけるしかねぇや。

金型も譲り、潤滑油も俺がこさえてやって、こっちが全部お膳立てをしてるんだから、誰が考えたって勝つ裁判だ。ところが、結果は負けよ。むこうの弁護士ってのは嘘八百を並べ立てるし、そいつも調子に乗って、泣き落としで裁判官に訴える手に出やがったんだ。

「岡野さんのところに集金にいくと、殴られたり蹴られたり、もう生きた心地がしないような具合で……」

冗談じゃねぇよ。俺は野蛮人じゃねぇっての。しかも、技術は自分で開発したとまで言いやがった……こんなヤツには手加減はいらねぇよな？

俺はその技術から何から大手のプレス会社に教えた。大手が機械を何台もそろえてやり始めたら、町工場なんかひとたまりもねぇよ。あっという間に値崩れを起こして、つぶれるべくしてつぶれたね。

筋も通さないで、嘘ばっかり並べ立てたんだから、自爆みたいなもんだな。筋を通さないヤツの末路ってのはこんなもんと決まってんだよ。

アイディアを盗まれてカタキをとった話

どんな仕事でもアイディアが勝負どころだ。それまでになかった技術とかノウハウも、元をたどれば、ちょっとしたアイディアから始まってるもんなんだ。ビジネスチャンスに繋がるアイディアを求めて、脳みそを使うんだったら、いくら使ったっていいけど、ちゃっかり他人のアイディアを頂いちゃおうなんてのは、さもしくっていけねぇや。

俺の前でそんなこすっからい真似をしたら、絶対、カタキをとるよ。ずいぶん前の話だけど、大手企業の人間が仕事を頼みたいからってことで、年中うちの工場に出入りしてたんだ。顔を出してりゃ、俺もいろんな話をするし、工場の様子もわかる。

そうこうしてるうちに、あるときから、その人間がぱたっと来なくなったんだよ。

「そういや、あいつ、最近顔を見せねぇな。病気でもしたか？」

うちの連中ともそう話してたくらいなんだけど、すぐに来ない訳がわかったね。ヤロウ、俺のアイディアを盗んで金型をつくりやがった。「またかよ」ってくらい頻繁に来てたのは、それでひと稼ぎしようって算段だったんだ。

いい度胸だけど、相手を間違えたな。

泣き言、恨み言はいっさい言わねぇけど、カタキはとらしてもらうのが俺の流儀だ。

いくら俺のアイディアを使って金型をつくったって、腕が違うってんだよ。「アイディア&腕」がそろった俺がつくる金型にかなうわけないじゃないか。何倍も〝使える〟金型をつくりゃ、そいつの商売は上がったりなんだよ。

そうは言っても、やっぱりアイディアや情報の管理は徹底しておいたほうがいいね。前に話したけど、俺が知ってる社長は、外部の人間を工場のなかには一歩たりとも入れなかった。機械を扱う仕事だから、修理やメンテナンスは必要だけど、よけいなものは見せないために、社長は専用の部屋をつくって、そこで修理やメンテナンスをやらせるようにしていたんだ。

俺もこれを見習って、うちの工場では修理、メンテナンスをする機械以外は、みんなシートを被せちまうことにしてる。まぁ、盗まれたらカタキをとるまでなんだけど、そんなことに時間を使うより、新しい開発に時間を使ったほうがよっぽどいいからな。

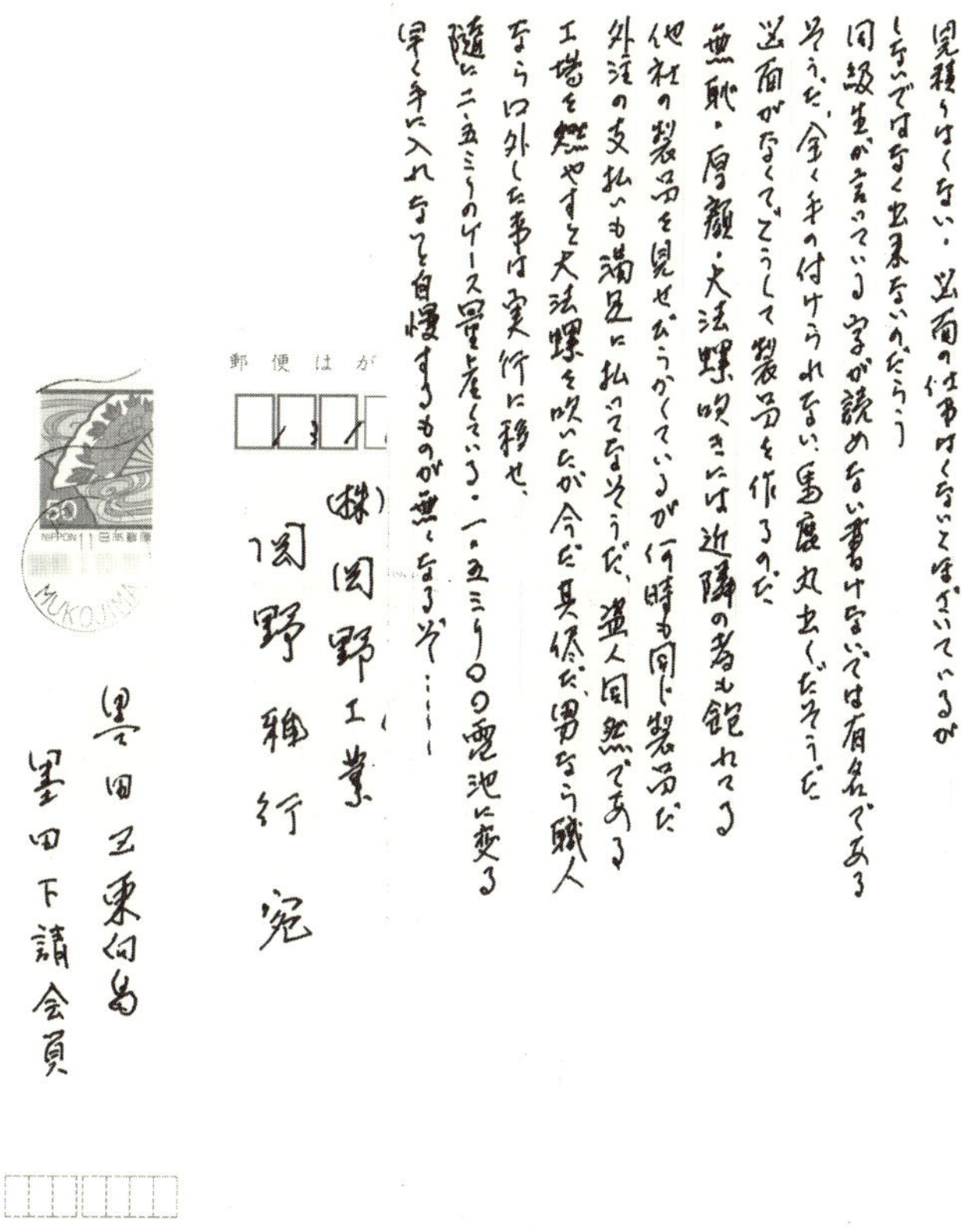
見積りはくれない・出面の仕事はくれないとほざいているが
くれないではなく出来ないのだろう
同級生が言っている字が読めない書けないでは有名である
そうだ、全く手の付けられない馬鹿丸出しだそうだ
出面がなくてどうして製品を作るのだ
無恥・厚顔・大法螺吹きには近隣の者も飽れてる
他社の製品を見せびらかしているが何時も同じ製品だ
外注の支払いも満足に払ってないそうだ、盗人同然である
工場を燃やすと大法螺を吹いたが今だ其儘だ、男なら職人
なら口外した事は実行に移せ、
随に二・五ミリのケース量産ている・一・五ミリの電池に変る
早く手に入れないと自慢するものが無くなるぞ……

郵便はがき

(株)岡野工業
岡野雅行 宛

墨田区東向島
墨田下請会員

⬆岡野あてに送られてきたハガキ。

「こんなのは、何枚も来たよ。筆跡や文面でわかるけど、同じヤツが違う名前で何通も送ってきたりな、ハハハハハ。気にも留めちゃいねえよ。だってそうだろ、こういう“負け犬の遠吠え”を送ってくるヤツってのはね、てめえでてめえの落とし穴掘ってるようなもんなんだよ。

世の中で成功してる人ってのは、みんなこういう嫉妬、いやがらせをやられてるんだ。それでツブれたらそこまでの人間だってことだよな、ほんとの話言って」

勤め人の世界でも、アイディアを盗んだ、盗まれたってことがあるんだろうね。人より出世したい、多く給料をとりたいって世界だから、足の引っ張りあいがあって当たり前だし、隙あらば抜け駆けしようってのも、ゴロゴロしてて当たり前よ。人より抜け出りゃ、やっかみの集中砲火ってことになるんだよ。

そこで生きてるんだったら、ほんとに実現したいアイディアは、やたらに吹聴しないでじっくりあたためておくんだな。そして、ここぞと見たら一気呵成にやり抜きゃいいんだ。かりにアイディアを盗まれたって、泣き言、怨み言は言わないことだ。ここはカラ元気を出してでも、俺の流儀を真似て欲しいね。盗まれたあとでいくらわぁわぁ言っても、所詮は「負け犬の遠吠え」ってことになっちまうんだよ。

カタキはいい仕事をしてとる。これを忘れちゃいけねぇよ。たとえば、モノを売る仕事だったら、そいつより一個でもたくさん売ることを考えなきゃな。「あのヤロウ!」っていう元気があれば、自分にハッパがかけられるだろ。

盗んだアイディアで勝負したって、付け焼き刃はいずれ剥《は》がれるもんだよ。そう長くは続きゃしねぇよ。有頂天になってるヤツには油断もあるし、隙もある。こっちが正攻法で頑張りゃ、わけないいんだよ。

「業界のしきたり」「前例なし」をふりかざすヤツを負かす法

何かにつけて「しきたり」を持ちだすヤツがいる。それがこの業界のしきたりなんだとか、それをやっちゃ古くからのしきたりに外れるとかさ。俺だってしきたりなんかどうでもいいとは思わないよ。しきたりを守るから、世の中がうまく流れていくってことはあるんだよな。

だけど、仕事のしきたりのなかには、壊しちまったほうがいいものもあるね。

なにか新しいことをやろうとすると、「それはやっちゃいけない。この業界じゃ、昔からそういうことになってるんだ」なんてことがあるだろ。いくらしきたりだからって、やる気をそいじゃいけないよ。しきたりに胡坐《あぐら》をかいて、自分たちを守ろうっていう魂胆が気に入らないね。

俺にもしきたりの壁があった。うちは金型屋だろ。その俺がプレスをやろうとしたときのまわりの反発は、すごいなんてもんじゃなかったんだ。しきたりからすりゃ、絶対の御法度だよ。金型屋はプレス屋から注文もらって、おとなしく金型をつくってるもんだってのが、その頃は当たり前の考え方だったからな。

だけど、俺はプレスを始めた。いろいろ言うヤツはいたさ。

そこで「しきたり」に負けないためには、仁義を通すことなんだよ。

「俺はプレスをやるけど、おまえらの仕事をとる気はねぇよ。単価が安くて、おまえらがやってらんない仕事、技術的に難しくってとてもできそうもないって仕事だけやるからよ」

俺はそう宣言して仁義を通した。

自分たちの領域が侵されないとなりゃ、しきたりにうるさいヤツだって黙っちまうよ。真っ向から「おまえらの領域に殴り込むぞ」なんてやってたら、つぶされてたかもしれねぇな。ここがちょっとした知恵なんだよ。

知恵を働かせなきゃ、しきたりは壊せないね。ペットボトルの製造じゃ大手の吉野工業所の先代社長の吉野弥太郎さんは、まさに知恵を使ってしきたりをぶち壊した人なんだ。

吉野工業所はずっと樹脂加工を手がけてきた会社なんだけど、前も書いたように吉野さんは将来を睨《にら》んで金属加工にも進出したいと考えたわけだ。うちが金属加工の技術を提供するってことでつきあいが始まった。

吉野さんがやろうとしたのは、口紅などの化粧品のケースだ。ところが、売り込みに行った化粧品メーカーはどこも参入を認めようとしなかった。業界のしきたりだってんで、ほとんど門前払い同然にあしらわれたんだ。

そこで吉野さんは大勝負に出たんだよ。当時、日本じゃ、ケースに口紅を手作業で入れてた。吉野さんはそこに目をつけて、アメリカから自動的に口紅をケースに入れる機械を買ったんだよ。

買うといったって機械を一台じゃないよ。つくっている会社を丸ごと買ったんだ。そして、それをメーカーに〝ただ〟で貸したんだ。

大した知恵だし、腹がすわってるよ。だって、「自動機を貸すから、ケースやらせてくれ」って条件でもメーカーが参入を許さなきゃ、投資が無駄になっちまうんだからさ。目先の採算を考えたら、到底、できない発想だよな。

結果的には吉野さんにいい目が出た。メーカーが門戸を開いて、吉野工業所は金属加工の業界に参入することになったんだよ。

しきたりとか前例がないってことをふりかざす相手には、知恵を絞った大胆な発想と行

動力で戦わなきゃ勝てない。

そこでは損得勘定抜きだ。損得を考えたら、しきたりや前例に従ったままのほうが得に決まってるんだからよ。

だけど、しきたり、前例を壊したら、あとから大きな金がついてくるね。間違いないよ。

column

【職人のオフレコ談義】

④稼いだカネで溺れた男の話

少しまとまった金を持つようになったら気をつけなよ。金はおっかないよ。俺はちょっと儲けたばっかりに失敗したヤツをいっぱい見てるもん。

俺はこれでも寄ってきてくれる人の面倒見はいいほうなんだ。仕事だって紹介するし、うちが手がけてうまくいった仕事を譲ることもよくある。当然、儲かるんだよ。だけど、それが仇《あだ》になっちまうことがあるんだ。

それまで地道を絵に描いたようにコツコツ仕事をしてきたヤツが、俺の紹介で急に儲かるようになるだろ。地道もコツコツもすっかり頭から抜けちまうんだな。前は仕事が終わって焼鳥屋で軽く一杯やるくらいで十分楽しめてたのが、キャバレーでもクラブでも行けるようになって、「こっちのほうが倍も楽しいや」ってことになるわけさ。

狂っちまうんだな。酒が入りゃ、次は女だ。馴染みになった店のお姉ちゃんに入れあげて、「ごはん連れてってぇ」「おぅ、いいとも」、「あれ欲しい」「買ってやるよ」のパターンにはまるんだよ。

金が入って女でもできりゃ、ちっとは見栄えのいいこともしてみてぇってことになる。ベンツだジャガーだって、高い外車を買うってわけだ。それまでとは違う世界が開けるんだから、おもしれぇよな。だけど、それも最初のうちだけ、そうは続かないよ。ツケはきっちり回ってくるね。

仕事に身は入らないから、そのうち仕事は下火だ。財布が薄くなってきたら、しっかり情も薄くなるのが、お姉ちゃんの習性だよ。たっぷり稼ぐからできないガマンもしてきた女房も、黙っちゃいない。儲けて離婚したヤツなんて、いくらだっているからね。

そんなふうになった倅《せがれ》に、金を融通してやろうってんで、公務員の親父が汚職したって話も、俺知ってるよ。もとはといえば、持ちつけない金を持ったのが間違いだったんだな。

うちの女房なんかそんな連中を何人も見てるから、俺にこう言ってるもん。

「おとうさん、あんまり面倒見ちゃいけないよ。みんな不幸になるからさぁ」

最近はあんまり人さまを不幸にしちゃ寝覚めがよくねぇと思って、女房の言うこと聞くようにしてるけど、面倒見がいいっていうのも罪なもんだな。なかには俺に文句を言うヤツがいるから困るってんだよ。

「こんなになっちまったのは、あんな儲かる仕事を紹介した岡野さんのせいだ」

冗談言っちゃいけない。工場がつぶれたのは自業自得じゃねぇか。

やっぱり、若いうちに遊んどかなきゃいけないんだよ。俺が見てる範囲じゃ「儲かった⇩つぶれた」ってパターンになってるヤツは、みんな若い頃に遊んでないね。遊んでりゃ、酒でも女でも、加減ってものがわかるんだよ。

俺みたいに酒も女も〝焼き入れ〟を完璧にしとけば、いまさら狂いようがないっての。

遊んでないのにかぎって言うんだよ。「もっといい女がいるんじゃないかと思うと、こればっかりはやめられない」ってね。だけど、もういいやってほど遊んだら、「なんだ、おんなじじゃねぇか」ってことがわかるんだ。

そしたら、色恋なんて面倒くさくなるね。俺なんかこうだよ。「ごはん連れてってぇ」「メシくらい、てめぇで食いなよ」、「あれ欲しい」「やだよ」。

くれぐれも言っとくよ。若いうちは、遊んどけよ!

第5講
「馬鹿も詐欺師も使いこなす」ヤツになれ！

イヤなヤツほど「よく効く毒」になる

イヤなヤツ、ムカつくヤロウを〝疎《おろそ》か〟にするなよ。そういう手合いほど使い道があるってこと、覚えといて欲しいね。

うちの職人を引き抜こうとしたヤツがいたんだ。うちがいい仕事をして業績が伸びてるのが気にくわなかったんだろうな。ひがみ根性丸出しで嫌がらせに走ったわけさ。どんな手を使おうかって考えて、職人の引き抜きくらいしか思い浮かばねぇんだから、頭のほうは大したことないな。

俺はとっくに気づいてた。たまたま、うちに辞めてもらいたい職人がいたから、こっちにとっちゃ渡りに船よ。俺はことあるごとに、その職人をそいつのところに使いに出すようにしたんだ。見事にはまったね。

「おまえさぁ、いつまで岡野にこき使われてるつもりなんだよ。おまえくらいの腕があ

株式会社
レス加工、生産設備
る「深絞り」の

りゃ、どこだって欲しがるぜ。岡野んとこなんか辞めちまって、もっと自分を活かせよ、自分を。もったいないじゃねぇか」

案の定、そいつは職人を口説きにかかりやがった。職人のほうも薄々、俺が辞めさせたがってるのを感じてたんだろうな。その口車に乗っかったんだ。そいつの紹介で別の会社に移った。

おもしろいのはここからだよ。紹介するときには、当然、いいこと言うもんだよな。そいつも、職人のことをほめあげたに違いないんだ。

「なにしろ、あの岡野んとこでみっちり仕込まれてる。こんな職人いくら出したって、なかなかいるもんじゃないよ」

そのくらいのことは言ってるね。だけど、考えてみなよ。俺が辞めてもらいたいと思ってる職人だよ。みっちり仕込んだつもりもねぇし、腕だって「いくら出しても欲しい」なんてレベルとはほど遠いんだよ。使ってみりゃ、そんなことはすぐにも露見するよ。

どうなったかはわかるよな。紹介したそいつは会社から、「ずいぶん話が違うじゃないか」って責められる、職人は職人で腕以上のことを期待されていづらくなるって寸法よ。

俺にひと泡吹かせようとしたそいつを使って、いらない職人に辞めてもらえたんだから、結局のところ、俺の一人勝ちだ。どうだい？　気に入らないヤロウでも立派な使い道があるだろ。

詐欺師まがいのヤツだって使えるねぇ。もちろん、こっちはまともにつきあっちゃいられないけど、こいつを当てがうのにちょうどいいのがいるんだよ。ふだんからなにかと癇《かん》にさわるヤツがいるだろ。詐欺師まがいをそいつに紹介するんだよ。

でっちあげの儲け話を舌先三寸で語って近づく詐欺師まがいに、そいつがころりと騙されてもみろよ。胸がスカッとするぞ。二人がもめにもめて罵《ののし》り合いの泥試合にでもなったら、もっと痛快、「ざまあみろ」だよな。

シャクにさわるヤツをギャフンといわせてやりたいってときでも、自分で手を下すことはないんだよ。そんなことに時間と労力を使うのはもったいねぇや。まわりを見渡してみたら、いるだろ、世の中ナメ切った詐欺師まがいがよ。いいかい、そいつを使いなよ。

誰とでも利益は折半！
五割だから動いてくれる

誰かが間に入ってくれた仕事は、儲けは折半と決めている。ふつうは四分《ぶ》六分《ぶ》、仕事によっちゃ三分七分ってこともあるようだけど、俺はどんな仕事でも折半で分けるんだ。これは相手が誰でも変わらないよ。

話をまとめるほうとしちゃ、簡単にまとまるものもありゃ、えらく苦労してやっとまとまるってのもあるよな。簡単なら「三分でもまあいいか」ですむけど、苦労の末やっとこぎつけたってときは「三分じゃやってられないよ」ってことになるんだよ。一方が不満たらたらじゃ、仕事はうまいこと回っていかない。

折半なら不満が出ることはないし、五分と五分ならわかりやすくっていいや。俺はそのことを公言してるから、まわりも、「まず、岡野さんとこに話を持って行こう」と思ってくれる。**〝折半〟ってのはいい仕事を集める広告塔でもあるんだよ。**

仕事の直接の交渉は紹介者がやるわけだけど、絶対に値引きはしないっていう一点だけは守ってもらう。俺と紹介者で前もって値段を決めたら、相手側がいくら強硬に値段交渉をしてきても、俺は譲らない。ときには、紹介者が〝弱気〟になって、

「これはちょっと高くないかな。相手は相当渋い顔をするよ。このままじゃ、仕事がとれるかどうかわからないな」

なんて言うこともあるけど、俺は値段変更はしないね。こっちの言い値じゃ仕事を出せないってんなら、ほかのところに持って行ってもらって、いっこうにかまわねぇんだ。

「この値段でいくよ。相手が高いって言ったら、『だったら、うちじゃできないから、ほかに頼んでくれ』って言ってやれよ」

俺は紹介者にそう言う。腕には自信があるんだ。**値引きに応じるってことは、その腕を自分で安く見るってことなんだよ。**俺にとっちゃ、とんでもねぇ話だな。実際、どこに持ち込んだってできやしねぇんだからさ。結局、「お願いします」ってことになるんだよ。

なにしろ、俺が相手だから紹介者も苦労すると思うけど、その分、俺は大事にするもん。

業界にはこんなことがあるんだ。いざ、仕事が始まると、相手の会社の担当者とも顔見知りになるよな。すると、その担当者が紹介者を飛ばして、直接、俺に仕事を持って来た

りするんだよ。

間に入っている人間が抜けりゃ、その分安くあがるって腹なんだろうけど、見くびってもらっちゃ困るよ。俺がそんな仕事を受けるわけないじゃないか、そうだろ？

「あいつの紹介でお宅とのつきあいができたんじゃねぇのか。なんで、そのあいつを間に入れないの？　あいつを通さなきゃ、俺はやんない」

それが道理ってもんだろ。道理をはずしたら仕事も人間関係も、何もかもうまくいきっこないんだよ。結局、担当者は俺にどやされ、紹介者に頭を下げて、仕事を続けるってことになるわけだ。

紹介者だって、そんな俺だってわかってるから、信頼してくれるんだし、「岡野さんのためにいい仕事をとろう」って気になってくれるんだよ。

こすっからく立ち回ったんじゃ、信頼なんか得られっこないんだよ、この世の中は。

儲かる前から接待するな

世の中せち辛《がら》くなっちまって、接待がいけないいだ、悪いだなんて言ってるけど、俺は仕事相手はどんどん接待するね。ただし、勘違いしちゃいけないよ。接待ってのはこっちが十分儲けさせて頂いてからするもんなんだ。

儲かってもいないうちから、飯だ酒だと大盤ぶるまいしたって、いいことなんかちっともねぇよ。接待が大好物っていう相手だって、こっちがどう見ても分不相応な金の使い方をしてりゃ、警戒するよ。

「あれは気前がいいというもんじゃないな。経済観念ゼロってやつだ。危ない、危ない。仕事をするのはちょっと考えものだな」

こうなったら、使った金はドブに捨てたもおんなじだ。接待は分相応、身の丈《たけ》にあってるってことが大事なんだよ。

その身の丈ってのがわからないって？

かりに一〇〇〇万円の売上があったとするだろ。そしたら、一〇万円くらいは使わなきゃダメだね。ぜんぜん使わなかったり、一、二万でお茶を濁したら、仕事はだんだん細くなっていく。「なんだ、あいつは。たっぷり仕事出してるのに、気がきかねぇヤロウだ」ってことになるんだよ。

こじゃれたレストランかなんかで、旨いもんをたっぷり食わせる。行きつけの一流店なんかがあるといいね。こっちの顔を見るなり、黒服が「岡野さま、いつもありがとうございます。いつもの席をご用意させて頂きます」と愛想よく迎えてくれりゃ、相手だって、「岡野のヤツ、なかなかやるじゃないか」ってことになるだろ。

背広をつくってやったこともあったな。得意先の部長をデパートに連れてって、その場で寸法とらせてオーダーしたんだ。当然、根まわしは要るよ。前もってデパートの売り場担当者に、「いついつ、誰それを連れてくるから、舶来の生地で背広つくってやってよ」と頼んどくわけさ。あとは体だけ持ってきゃ、準備万端でオーダー承りって寸法だな。

相手と話してるときに、「そうそう、このあいだの台風で門が壊れちゃってね」なんて話題が出たら、即、大工に電話だよ。翌日、相手の家に大工が行って門をなおしちまう。「岡野さんから言われてきました」ってね。

そこまでやったら、相手だって黙っちゃいないよ。請求書を書く段になったら、

「適当に乗っけといて」

って台詞が出てくるんだよ。相手はサラリーマンだから、**請求書が、少々膨らんでも自分の腹が痛むわけじゃない。太っ腹のとこを見せたって、全部会社持ちだ。サラリーマンの〝強み〟だね。**

接待は釣りでいうコマセ（魚を寄せる蒔《ま》き餌《え》）だよ。釣果をあげたかったらコマセは必要なんだ。だけど、これにも蒔き方がある。これ見よがしに蒔いちゃいけないねぇ。相手によけいな気を使わせない、気持ちの負担を感じさせないように蒔かなきゃ、効果は半減だよ。

俺は担当者を一〇人、二〇人と集めて接待することがあるけど、飲み食いしてるときに必ず、こう言うね。

「あんたたち、めいっぱい食ってくれよ。嫌ってほど飲んでくれ。お代はこの場は俺が立て替えるけど、請求書の中にしっかり入れさせてもらうからさ。てめぇの金で飲み食いしてるんだから、遠慮なんかいらないよ」

丸抱えで奢られてるとなりゃ、なかには引け目を感じるのがいるかもしれない。ひと言、ここのお代はみんなが出してるんだって言っときゃ、そんな引け目を感じなくてすむだろ。こいつがコマセの蒔き方の極意なんだ。

一〇人、二〇人となりゃ一晩で二〇万、三〇万は使うことになるけど、回収なんか考えちゃダメだよ。

「けっこう使っちまったな。いくらの仕事が入りゃ、元がとれるんだ」

最低だね。接待はその場をみんなでわいわいがやがや、楽しくやることだけに徹しなきゃいけねぇんだよ。それで俺のことをおもしろがってくれりゃ、嫌でも仕事が回ってくる。金の計算なんかして顰《しか》めっ面になってたんじゃ、雰囲気はおろか、仕事の話そのものを壊しちまうよ。

古典落語に学ぶ「とっさの機転力」

仕事では発想力やアイディアがものを言うってことは誰でも知ってる。じゃあ、聞くけど、なんでそれを磨こうとしないんだい？　本を読んだり、その種のセミナーに通ってるなんてのがいるかもしれないけど、それで磨かれてるっていう実感があるかい？　効果のほどはお寒いかぎりってのが正直なところじゃねぇのかな。

しつこいようだけど、落語を聞きなよ。落語には発想やアイディアのヒントがてんこ盛りなんだ。寄席番組はなくなったけど、ＣＤやＤＶＤを買えば、名人上手の十八番《おはこ》がいくらでも聞ける。間違いなく、「目から鱗」の気分になるよ。

古典の「付け馬」なんてのはいいねぇ。昔の遊廓で、金を払わない客にくっついて行って、勘定を取り立てるのが付け馬の役目だ。吉原には何日も居続けて、さんざん飲み食いをした揚げ句、「お客さん、お勘定はこれこれで……」って段になると、「金か？　金なんか持ってねぇよ」なんて客がいたんだな。

さぁ、付け馬の出番だ。客についていて家までお伴をするわけだけど、その客、付け馬役の若い衆をさんざっぱら引っ張りまわすんだよ。そうやってやっとついたのが棺桶《かんおけ》屋の前だ。

「ここはおじさんの家だから、勘定はきれいに払ってくれる。おまえがくっついてんじゃ具合が悪いから、まず、俺が話をつけてくる。ちょっと待っててくれ」

客はそう言って棺桶屋のなかに入っていく。もちろん、棺桶屋はおじさんでも親戚でもない。客はこんな話をする。

「外で待ってる若いのは、昨夜《ゆうべ》兄さんを亡くしたんだ。可哀想だろ。急で悪いけど、早いとこ大きい棺桶をつくってやってくれ」

勝手に棺桶を注文しちまうんだよ。そして、外の若い衆にこう話すんだ。

「おじさんがすべて承知してくれたから、出てきたら金を受けとってお帰り。気をつけて帰るんだよ」

すっかり信じ込んでる付け馬が待ってると、棺桶屋が棺桶を持って出てくるってわけだ。そこで騙されたことがわかるんだけど、客が姿を消しちまったあとじゃ、もうどうにもならねぇや。棺桶代を請求されて、若い衆が「金？　一文も持っちゃいない」って答えると、棺桶屋が店の小僧に向かってこう言いつけるんだよ。

「お～い、小僧、吉原までこいつの馬に行ってこい」

付け馬が勘定を取り立てるどころか、すっかり騙されて、自分に馬を付けられちまうってオチだな。若い衆を引っ張りまわして焦《じ》らし、「早いとこ勘定もらって帰りてぇ」って余裕のない気分にさせる。この伏線があるから、若い衆はまんまと騙されちまうんだよ。

発想がいいよ。うまい騙しの手口だね。


人を騙しちゃいけねぇけど、伏線を敷いてことを自分の意のままに運ぶって手法は、仕事にも絶対活かせるね。


『蔵前駕籠《かご》』ってのも、俺が何度聞いたかわからない名品だ。

「ちょいと吉原まで行ってくんな」。駕籠屋に男が飛び込んでくる。客は大歓迎なんだが、駕籠屋にはすぐさま「あいよ、合点だ」とは言えない事情があるんだよ。その頃、駕籠屋のある蔵前界隈には追い剥ぎが出没してるわけさ。

駕籠を襲って客の身ぐるみを剥いで、褌《ふんどし》一丁にしちまうってのが追い剥ぎの手口だ。

イヤがる駕籠屋を男はこう言って説得する。

「代金は弾むし、酒だってつける。追い剥ぎが出たら、俺のことなんかかまわないで、逃げちまっていいから、なんとか行ってくれよ」

金に酒がつきゃ、説得力抜群だ。駕籠屋が承知すると、男は自分で着物を脱いで駕籠の座布団の下に隠し、褌一丁になってから駕籠に乗り込むんだな。

吉原に向かってると、追い剥ぎのお出ましだ。駕籠屋は言われたとおり、駕籠も客もおっぽり出して逃げちまう。追い剥ぎは刀の先で駕籠のすだれを上げて、〝獲物〟を確認するんだけど、そこにいるのは褌一丁の男ってわけだ。

「う〜ん、もうすんだか」

って追い剥ぎの台詞でこの一席は終わる。〝すんだか〟ってのは、すでに追い剥ぎにやられた後だったのかってことだよな。どうだい、このしたたかさ。相手の手口を逆手にとって、災いを避けるこの知恵、教えられるねぇ。

日本は国も企業も危機管理能力ってやつがどうも苦手だ。『蔵前駕籠』にはその〝真骨頂〟があるってのに、気がつかねぇなんてもったいなさすぎるよ。古典落語につまってる知恵を掘り起こしたら、仕事の秘訣も、金儲けのコツも、イヤでも身につくんだけどな。

「人に言わせて」評価を上げる心理術

みんなのまわりに「口が軽い」って定評がついちまってるのはいないかい？　そいつに話そうものなら、たちどころに周囲の知るところとなる。しかも、その手合いはこっちが言ったことを額面どおりに話しゃしない。尾鰭《おひれ》がイヤっていうほどついて、話はどんどん膨らんでいくってのが、お決まりのパターンなんだよ。

そんなヤツは敬遠するしかないってのが常識だよな。だけど、常識に囚《とら》われてたんじゃゃ、おもしろくねぇよ。世渡り力を磨いてれば、そんな〝厄介者〟だってうまく使いこなせるんだよ。

俺だったら、そいつにわざと情報を流すね。

「ここだけの話だけどよ。俺こんな金型をつくったんだ。こりゃあ使えるぜ。けど、まだ誰にも言っちゃいねぇんだから、内緒にしとけよ」

〝ここだけの話〟〝誰にも言ってない〟〝内緒〟……。聞いたそばから誰かに言いたくなっちまうヤツにとっては、どれもが涎《よだれ》が出そうな大好物だ。一〇〇%食いつくね。鯵《あじ》を釣るのに鯛の切り身をコマセに蒔いたようなもんだ。

あとはそいつの活躍ぶりを期待して、じっと待ってりゃいい。

「岡野さんのとこでさあ、すげぇ金型つくったんだ。まだ、俺しか知らないんだけど、あれはほんとにすごいよ。やっぱ、岡野さんの腕は超がつく一級品だね」

誰かれかまわず、しゃべってくれるね。そんな話を聞きゃあ、岡野に仕事を頼みたい、一度、岡野の工場を見てみたいって連中が、わんさか押し寄せてくるんだよ。その集客力はすごい。

人間ってのは、いくら自慢話を聞かされたって話の半分も信じないもんだけど、第三者が、「あいつはすごい」とほめ上げたら、そのまま信じるんだよ。口が軽くて困るってヤツも、その第三者に仕立てれば、けっこういい仕事をするんだ。

親しくつきあいたくはねぇけど、つかず離れずのつきあいをして、コマとしてとっておくのもいいかもしれないよ。

本気でつきあうなら、断然、ツイてるヤツだね。俺はガキの頃からいつもツキを感じてたな。なにしろ、小学生のときに盲腸から腹膜炎になって、もう助からないってとこまでいったんだ。医者もほとんど見放したのを、親父がなにがなんでも手術してくれって頼み込んで、一命をとりとめたってわけだよ。

仕事もツキに背中を押されてここまできたって感じだね。俺のツキはまわりの人にも確実に波及してるんだ。

こんなこと言うのは口幅ったいけど、俺と長くつきあってる人や会社は成功してるし、なんだかんだと御託を並べて俺から離れていったのは、ほとんどが見る影もなくなっちまってる。

ツイてるヤツってのは、自分でツキを引き寄せてるんじゃないかと思うよ。食いもの商売だってそうだろ。軒を並べてても流行ってる店と客足ぱったりの店がある。ぱったりのほうは「むこうはツイてやがる」なんて愚痴ってるけど、流行るには流行るだけの理由があるんだよ。

店の掃除が行き届いてるとか、客扱いが丁寧とか、テキパキしてるとか、それなりの努力をしてるもんなんだ。それが客を呼んでるってことだな。つまり、ツイてるヤツは自分の仕事のやり方を心得てるし、努力も惜しまないんだ。つきあったらいろんなことが学べるってことにならないかい？

学べば自分もいい方向にむかうだろ。ツキがまわりに波及するってのは、そういうことなんだよ。

column

【職人のオフレコ談義】

⑤元手《もとで》を創れ

俺は中学中退だから、学歴っていったら小卒だな。だけど、育った〝環境〟はよかった。目と鼻の先が玉の井だ。

玉の井っていったって若い人はわからないだろうけど、昔の遊廓地帯だよ。そこに身を置くお姉さんたちは、みんな訳あり。それぞれに複雑な事情を抱えていた。

毎日、玉の井に出入りしているうちにはお姉さんと顔見知りになる。こっちはまだガキだったけど、つきあいのなかで、いろんなことを教わったね。

学校なんかじゃ絶対に教えてくれない、人間関係の機微ってもんを、俺は玉の井で学んだんだ。

お姉さんたちにはつまんない見栄もへったくれもないや。

よくも悪くも、人間をそのまんまさらしてるんだよ。

だから、生身の人間ってどんなもんか、見えてくるんだな。人間を見る目にかけちゃ、俺は自信を持ってるけど、それも玉の井にどっぷり浸ってたおかげだね。

からだ一つでおあしを稼ぐんだから、商売としちゃ褒《ほ》められたもんじゃないかもしれないけどさ。

自分で決めて、腹をくくってやってるんだし、社会に迷惑をかけてるわけじゃないんだから、他人が四の五の言えねぇっての。

玉の井で稼いでしっかり元手をつくって、ほんとに自分のやりたいことをやるってお姉さんも少なくなかったんだ。生き方としちゃ、立派なもんだと思うね、俺は。

金もないうちから、「なんか儲かることはないか」ってうろちょろしてるのなんかより、よっぽど地に足がついてるよな。

金を儲けるには、やっぱり元手をつくらなきゃダメなんだよ。ある程度元手ができると、金が金を呼ぶんだ。勘違いしちゃいけないよ。元手をなんかに投資すれば、金が膨らむってことじゃないんだ。

俺はいくら金があったって、絶対、投資なんかしないよ。うまい投資話なんて、みんな詐欺じゃねぇか。

実際、世の中みてみなよ。虎の子の金を預けて大儲けしようってわけだけど、結局は、「儲かりませんでした」で終わり。みんな痛い目みてんだよ。

そもそも他人の金を集めてどうこうしようってのが信用できねぇよ。そんなに儲かるんならてめぇの金でやりゃあいいじゃねぇかって話だよ。

他人の金だから責任はないってんで、いかがわしい大ばくち打ってすっからかんになっちまう。

その ツケは全部、預けたほうにまわってくる。まともに考えりゃ、当たり前のことなんだよ。欲の皮が突っ張ってると、そんな当たり前のことも見えなくなっちまうのかね。

俺はモノづくりから離れない。元手はいままでにないモノ、できなかったモノをつくるために使ってきたね。

それがどんどん大きな金を呼んできたってわけだ。

マネーゲームだかなんだか知らねぇけど、金で金を呼ぼうなんてのは、大間違いだってことだな。

第6講

「人がやらないこと」にチャンスがある！

誰もできないから燃えるんじゃないか

「痛くない注射針」はどうしてできたかって聞かれたら、「誰もできないって言ったからだよ」ってのが俺の答えだ。

実際、パイプ状のものを切るっていう、それまでの針のつくり方に囚われてたら、絶対にできなかったシロモノなんだ。

「痛くない注射針」は、注射液がうまく押し出されるように、元が太く、先に行くほど細くなってるんだよ。パイプを切ってその形にするのは不可能だね。テルモはいろんな所をあたったようだけど、みんなハナからできないと決めちまったのも、無理はないんだ。

だけど、俺は話を聞いて直感した。「こいつは板を丸めてつくらなきゃできねぇな」ってね。それだって雲をつかむような話だよ。なにしろ、細いところは穴の直径が〇・〇八ミリ、外径が〇・二ミリって世界だからな。

発想に間違いはないって自信はあったけど、じゃあ、具体的にどうやってつくるかってことになったら、俺も頭を抱えたね。その頃、うちには大学の教授が何人も遊びに来ていた。なかに物理学の権威って教授がいたから、それとなく話をしてみたんだ。パソコンかなんか使って、計算できないかってね。

教授の答えは、並のパソコンじゃ到底無理、スーパーコンピュータならなんとかなるかもしれないってものだった。スパコンの使用料は一分間で三〇万円ってことだったけど、そこはよしみで安くしてくれって頼んで、五分くらいかけて、とにかく計算してもらったんだ。

スパコンで一応の計算はできたんだ。だけど、その通りやってもうまくいかねぇんだよ。隙間が空いちゃったり、重なりすぎちゃったりして、うまく丸まらない。

「岡野くん、無理だよ。これは絶対できない。やめたほうがいいな」

と、これが教授のご託宣だ。俺は思ったね。「しかたない、地道に少しずつ絞めてくしかねぇな」。それからはやってみちゃあダメ、試してみちゃあ失敗、の繰り返しだったね。サンプルができるまでに一年半かかった。

サンプルができたら、あとは一気呵成……って具合にはいかないんだよ。相手は注射針だ。一本、二本できたからって役にも立たない。量産できなきゃ意味がないだろ。量産するための金型をつくるのにそれから三年半だよ。その間の開発費は全部自前。できなきゃ金はもらわないって流儀は曲げられないからな。

ようやく、テルモの工場に量産のラインができて動き始めた。ふつうはここから先も大変なんだ。ここがおかしい、どうもうまく流れないってことがあるんだよ。そのたびに機械を止めて、直してって作業をしなきゃいけない。完全に流れるようになるまで、一年かそこらかかるわけだ。

だけど、「痛くない注射針」のときは違った。工場長が言ったね。

「岡野さん、あんたはすごいよ。スタートしてあっちが悪い、こっちを直さなきゃってことがないもん。スタートしたそばからふつうに流れてる。俺も工場長を長いことやってるけど、いまだかつてこんなことはなかったよ」

ありがたい言葉だった。だけど、俺にしてみれば、スタートしたらふつうに動くのが当たり前なんだ。そこまでやらなきゃ、仕事とはいえねぇよ。

そりゃあ、失敗も苦労も人より多いとは思うけど、俺は失敗が楽しいし、苦労をおもしろがってるからね。

ありがたいっていえば、糖尿病でインスリンの注射を毎日打たなきゃいけない小学生が、
苦しみから救われたってんで、「ありがとう」って言ってくれたときはうれしかったね。
あの感動ってのはなかったな。こっちこそ「ありがとう」だよ。

「ざまあみろ」が俺の原動力だ

「自分はダメだ」って思ったことはないかい？　あるんだったら、見込みがあるねぇ。自分はイケてるなんて天狗になったら、そこでお終いなんだよ。ダメだってのは「満足してねぇぞ」「何かやってやる！」ってことの裏返しなんだ。それが進歩するための条件になるんだよ。

俺は学歴はないし、劣等感だってたっぷりあるよ。だから、大企業の大学とか大学院を出たエンジニアが、どうしてもできないってモノがあると、「俺がやってやろうじゃねぇか」って気になるんだ。半年かかろうが、一年かかろうが、俺はやる。できたときの痛快さったらない。「ざまあみろ！」の極致だね。俺のいちばんの原動力といったら、断然、そいつなんだ。

「痛くない注射針」もリチウム電池ケースも、うちから生まれた世界初、日本初の技術や製品は、みんなその「ざまあみろ」を味わいたくて、完成させたものだといっていいね。劣等感を引け目に感じる必要なんかないんだ。引け目に感じるんじゃなくて、原動力にしてみろよ。

何かやるんだったら、一つに絞って徹底的にやるのがいいよ。あれこれ手をつけたっていいことはねぇよ。たとえば、勤め人だったら仕事の能力はもちろん、人づきあいの上手い下手、決断力のあるなし……って具合にいろんな要素で、その人間が判断されるだろ。**どれもそこそこ平均点っていうんじゃ、俺はつまんないと思うね。**

それより、ほかはともかく、これだけは一流、名人の域だっていわれるものを持ったほうがずっといいや。**一カ所飛び抜けてりゃ、どんな世の中になったって生きていけるんだからよ。**

俺んところみたいな町工場でも、仕事がなくなっちまったって泣いてるとこが少なくないけど、じゃあ、おまえんとこは四〇年、五〇年、何やってきたんだって聞きたいね。ただ、平均的に仕事をこなしてきたってだけじゃねぇか。その間、ネットワークづくりを徹底的にやったのかよ、技術なら技術をほかじゃ真似できないくらいのレベルまで上げたのかよ、ってことなんだよ。

景気がいいってことに胡坐をかいて、「平均点でいいや」ってやってきたら、不景気になったとき、仕事がなくなるのは当たり前じゃねぇか。

みんなもそうだよ。「そこそこ平均点」は時代が厳しくなればなるほど、生き残れなくなるね。強いのは、断然、「これだけ名人芸」だな。

「あいつ、仕事はさっぱりだけど、座持ちをやらしたら、右に出るものはいないね。これはきついなっていう商談でも、あいつをそばに置いておくと、不思議とまとまっちゃう。あれはもう、名人の域だよ。よその会社に引き抜かれないように、がっちりガードしとかなくちゃな」

座持ちも一流になると、それだけで会社の財産ってことになるんだよ。他社にスカウトされないかと会社が戦々恐々とするとなりゃ、もう、これ以上ない存在感だ。仕事はさっぱりでも、何倍もお釣りがくるよな。

「いい人」より「変わり者」がいい

みんなは昔から「優等生」だ「いい人」だなんて言われてこなかったかい？　けっこう、誇らしげにそれを受けとめてきたってのもいそうだな。俺は優等生なんて冗談にも言われたことがなかったけど、もし、言われたら、「勘弁してくれよ」だね。

優等生ってのは、聞こえはいいけど、決してほめ言葉じゃないんだよ。悪さはしない、挑戦しない、個性がない。なんのことはない、ぶっちゃけて言えば、扱いやすいヤツってことだ。

俺は子どものころから変わり者って言われてきた。「岡野のところのあれ、あいつは変わってるねぇ」。近所の人間が寄るとさわるとそんなだった。学校でも「変人」なんて呼ぶヤツがたくさんいたね。

だけど、俺は〝ふつう〟になんか、なりたかなかった。人と変わっててどこが悪いって思ってたんだよ。負け惜しみなんかじゃねぇよ。いつだって「変わってなきゃダメなんだよ」って言い続けてたもんな。

変わり者ってのはな、時代の枠にはまらないってことなんだよ。枠を突き抜ける発想や意欲を持ってるってことだね。一〇年、二〇年経つと、そいつが正しかったことがやっとわかる。みんな天が動いてるって信じ込んでるときに「それでも地球は動いている」と言ったガリレオなんか、ケタ違いの変わり者だよ。だけど、歴史はその正しさをちゃんと証明してくれるもんなんだ。

仕事だってそうだよ。いままである流儀で、人とおんなじことしてたって、新しい技術もノウハウも生まれないね。「この流儀はおかしかねぇか」「もっと別のやり方があるんじゃねぇの」って考えるから、新しいものが生まれるんだ。

うちでは世界初、日本初っていう技術をいくつも開発してるけど、そんなことができるのも、俺の変わり者〝哲学〟をみんながちゃんと理解してくれてるおかげだね。どんな哲学かって？「当たり前のことなんかやってたって、おもしろくねぇな」ってことだよ。

じゃあ、いつも人と違うことをやってりゃいいかっていうと、そうじゃねぇんだな、これが。人がああ言えばこう言う、ああすればこうするってのは、ただのあまのじゃくだ。

あまのじゃくと変わり者は違うんだ。

あまのじゃくってのは人の「逆」を言ってりゃいいだけだけど、変わり者となるとそうはいかない。人の「先」を行かなきゃいけないんだ。先を行くには自分ってもんをちゃんと持ってることが必要だよ。まわりがなんと言おうと、「これが正しい」っていう信念だな。

もう、いい加減、優等生なんて看板は下ろしちまったらどうだい？　堅苦しいと感じてる常識を放り投げることからだっていい。間違いなく可能性が広がるし、だいいち、生きるのが楽しくなるぞ。

世の中を動かす「変わり者」になるには、まだまだ経験が足りないかもしれないけど、枠を破るんなら早いほうがいいんだよ。

何がなんでも人と違うことをしろ

人とおんなじことをして儲けようなんて考えるなよ。何かが儲かるとなると、みんなだぁっとそこに群がるだろ。確かに、最初は儲かるかもしれない。だから、儲けることだけに集中しちまう。だけど、ほんとは儲かっている最中に人と違うことしなきゃいけないんだよ。

バブルの時期のプレス業界は好景気にわいた。黙ってても注文が次から次に来たし、どこのプレス屋でも持っている簡単な技術さえありゃ、いくらでも稼げたんだ。とにかく仕事を受けて、機械的にこなしてるだけで、どんどん金が入ってきた。

「こんな時期を見逃す手はない。ありったけの時間を製品づくりに使うんだ。技術の開発なんかやってたら、稼ぎそこねてしまう」

誰もがそう考えたんだろうな。その結果、どうなった？　バブルがはじけて町工場は大打撃を被ったんだ。

景気が悪くなりゃ、企業は経費削減に躍起になる。それしか生き残りの道はないんだから必死だよ。

それまでみたいに町工場に仕事がくるわけねぇよ。だって、コストが安い東南アジアの国で十分こなせる仕事なんだからさ。死活問題とあっちゃ、企業に情け容赦なんかない。

それまでバブル景気に浮かれてた町工場は軒並み干上がっちまった。急激な右肩下がりもいいとこだよ。

うちはバブルだからって、同業者のように注文とりに走るなんてことはしなかった。いままでどおりに、技術の開発に力を入れてたんだ。そうやって完成させた技術は、バブルがはじけようと、不況になろうと、なんの影響も受けなかったね。

うちにしかできないんだから、コストがかかったって頼みにくるしかないわけだよ。声を揃えて「儲かる、儲かる」って騒いでた工場が相次いで討ち死にするなかで、うちの業績はいつも安定ってわけだ。

バブルっていえば、投資で痛い目に遭った連中が大勢いたよ。俺のところにも儲け話がずいぶん来た。だけど、全部玄関払い。

「へぇ～、そんなに儲かるのか？　だったら、人になんか勧めないで、あんたがやればいいじゃねぇか」

これじゃ二の句も継げねぇよ。みんなすごすご退散したね。だいたい、人の儲け話にのって泡銭《あぶくぜに》を稼ごうってのが、俺は気にいらない。どうやって儲けるかは自分の頭で考えるもんだろ。

人まかせはいただけないね。

ついでに言っとくけど、俺は国も銀行も信用してない。これは親父の遺言みたいなもんだな。ことあるごとに「銀行は信用するな。国も信用しちゃいけねぇぞ」って聞かされてきたからね。

親父はこっぴどい目に遭ってるんだよ。

職人として真面目に生きてきた親父は、稼ぎをコツコツと銀行に預け続けた。その金がウムを言わせず国に召し上げられたんだ。昭和二一年にインフレ対策とやらで、預金が封鎖され、新円への切り替えがおこなわれた。それで、引き出せるのは、一カ月につき一世帯三〇〇円と決まったわけだ。

せっかくの貯えを国に持ってかれちまったんだからたまらねぇよ。「国も銀行も金輪際、信用するかよ」っていう親父の気持ちはわかるね。

景気はよくならない、銀行は貸し渋り、貸し剥がしをするっていうこのご時世、国や銀行の信用は地に落ちて、方々から恨み節が聞こえるけど、俺はハナから信じちゃいなかったから、痛くも痒くもねぇな。

図面を描けないから楽しい

　モノをつくるときに、まず、必要になるのは図面だ……と思うだろ？　確かに現場を見ると、CAD《キャド》ってのかい？　コンピュータと睨めっこしてみんな図面を引いてるよ。だけど、俺には図面なんかいらない。正直言うと、描《か》けねぇんだ。

　それで困るなんてことはないね。俺の場合は頭んなかにCADが入ってるようなもんなんだからさ。ちょっと考えると、図面があるから正確にモノがつくれるような気がするだろ。違うんだよ。俺流の言い方をするとこうなる。**図面があると〝それだけ〟のモノしかできない。図面に縛られちまうんだな。**モノづくりはもっと自由でなきゃ、楽しくないんじゃないかい？

　図面ってのは音楽の楽譜とおんなじなんだよ。楽譜どおりに歌うのは基本かもしれねぇけど、それじゃ、聴く人を唸《うな》らせることはできねぇな。せいぜい〝上手〟どまりだ。**美空**

ひばりは楽譜を読めなかったんだよ。楽譜に縛られないから、あんなすごい歌が歌えるんだ。

図面なんてもんがなきゃ、つくりながら「おっ、ここはこうしたほうがいいな」「こっちはこうだ」って具合に、つねに発想を活かしながら仕上げていけるんだ。図面どおりにつくったもんなんかとは比べものにならないくらい、いいもんができるんだよ。それも俺の発想と感性満載の完璧オリジナルだ。

複雑な構造の自動機だって、図面なんか描かないね。俺のモノづくりはフリージャズなんだ。アドリブで客を楽しませ、アイディアをいっぱい盛り込んで発注元を喜ばせるんだ。ただし、困ったことがないわけじゃない。図面がないから機械に何かあったときに、使ってる人間がどう対処すればいいかわからないんだ。発注元からも「岡野さん、図面を描かないから、まいっちゃうよ。なんとかしてくださいよ」なんて泣きが入ったりするわけさ。

言われてみりゃ、確かにそうだよ。解決策は一つだな。

「そしたらさ、おんなじ金型二つつくって、一つ置いといたらいいよ。現物がありゃ、図面よりずっとわかりやすいや」

俺がそう言ったら、「そうだな」って金型を二つ注文してくれるようになった会社もあるんだよ。また儲かっちゃうって塩梅《あんばい》よ。

自動機を納めた会社から、もう一台つくってくれって注文が来たときも、先方に〝面倒〟をかけることになる。だって、俺はおんなじものはつくらねぇもん。性能が上がっちゃうんだな。前の機械が一分間に一〇〇回転で動くものだったら、次は一五〇回転、二〇〇回転のものをつくる。先方としたら、

「岡野さん、使う人間が〝速ぇ～〟って戸惑ってるよ。困るなぁ、いきなり性能あげてもらっちゃ……」

なんてうれしい〝文句〟の一つも出るわけよ。もちろん、機械にはすぐ慣れるから、生産効率がグッと上がって、先方も大喜びで丸くおさまる。

図面を超えるものをつくってこその職人だ。俺はそう思ってるね。

だけど、いきなりそうはなれねぇよ。**最初は見よう見まねでいいんだ。**俺は親父だったけど、先輩の仕事ぶりをよく見て、まねて、じっくり基礎づくりをする。ひとひねり、オリジナリティってもんが光ってくるのはそれからだよ。これはどんな仕事だっておんなじだね。焦ることはないいんだよ。

会社を大きくしてたまるか

岡野工業が従業員五人の会社だって知ると、たいがいの人がびっくりする。もっと、大きな規模だと思い込んでるらしいね。ウソでもなんでもない。うちはパートもいなけりゃ、派遣社員もいない。正社員五人だけで全組織ってやつよ。

俺にはこれ以上、会社を大きくする気も人を増やす気もない。**小さいってのがうちの何よりの強みなんだ。**一〇〇人、二〇〇人の規模にするつもりなら、今日にだってできるよ。だけど、やんない。

規模を大きくしちまったら、会社のポリシーってやつが危うくなるんだよ。うちは相手が大企業だろうと海外企業だろうと、やりたくないことはやらない。従業員が増えたら、そんなことは言ってられなくなるだろ。

社員とその家族を食わせることを考えなきゃならないから、気に入らない仕事も受けなきゃならないことにもなるし、のみたくない条件だって飲まなきゃいけなくなる。俺はそんなのまっぴらだね。受けるのも断るのも、こっちが決定権を握ってなきゃ、いい仕事はできねぇよ。

それに、いったん大きくした会社を小さくするのは大変なんだ。こいつは親父の言いつけだよ。さんざん親父には逆らってきたけど、こればっかりは背く気はねぇな。

目が行き届くってのも小さいからこそだね。相手にしてるのは機械だから、不具合が出ることもあれば、調子が悪くなることもある。大事なのは、そのときにいかにすばやく対応するかってことなんだ。対応が遅れたらそれだけ仕事がとどこおって、利益も上がらないってことになるじゃねぇか。

工場を大きくしたら、何から何まで自分でできる職人を揃えるわけにはいかねぇや。「これは手に負えないや。○○さん、手が空いたらこっち見てください」なんてやってたら、効率はますます悪くなるばかりだろ。

うちの職人はみんな対応能力抜群だから、何が起きたってビクともしない。自分の機械は全部自分で面倒見られる。俺の出る幕なんかねぇってわけで、俺は自分の仕事に専念できるんだ。

工場を大きくして、プラントを据えて、つくった製品を企業に売って儲けようって気はないんだよ。そこに軸足を置いたら、それだけで手いっぱいになるのは目に見えてんだ。かりにその製品の需要がなくなったらどうする？　仕事はねぇわ、人手は余るわってことになるじゃねぇか。

うちは開発したプラントをサッサと売っちまう。買った会社に儲けてもらえばいいんだ。その間に、こっちは新しい開発にとりかかってるからね。いままでできなかった技術を開発すりゃ、屋台骨が揺らぐなんてことはないんだよ。

たった五人でも、いや、五人だから、岡野工業は技術開発じゃほかには負けないんだ。山椒《さんしょ》は小粒でピリッと辛い……ってね。

アイディアの引き出しは「失敗」するほど増える

なんでも失敗をしないように慎重にことを運ぶヤツがいる。石橋を叩いて……って、あれだな。だけど、そんな人生おもしろいかい？　失敗なんかいくらしたっていいんだよ。もっと言っちまえば、成功ってのはさ、どんだけ失敗したかにかかってるんだ。

うちでステンレスのライターケースをつくったことがあった。深絞りっていって、一枚の板を一〇回以上もプレスして、円筒形や箱形にしていくんだけど、材料がアルミとか真《しん》鍮《ちゅう》みたいにやわらかければ難しかないんだけど、硬いステンレスだとなかなかうまくいかない。絞ると割れちまったりするんだよ。うち以外のとこはやろうともしなかったね。

最初は失敗の連続だ。「うまくいかねぇな」って何万個捨てたかわかんないね。だけど、俺は諦めが悪い。とことん粘って、やっと満足できるモノに行き着いた。

失敗したら、「どこがいけねぇのかな？」と考えるだろ。それがアイディアや発想に繋

がるんだ。そいつをかたちにしていきゃ、確実に前に進むね。

それからずいぶんたって、携帯電話の小型化、軽量化をはかる動きが慌ただしくなったんだ。リチウム電池の開発がそのカギを握ってたんだけど、ケースをステンレスでつくる技術がなかったんだよ。

どこもできるとこがないってんで、俺のところに話が来た。そんとき、頭んなかに浮かんだのがライターケースよ。「こいつはライターケースとおんなじじゃねぇか」。工場にあった現物を見せたら、担当者は、「これです、これです!」って話は一発で決まりだ。

もちろん、電池ケースは難なく完成させた。ここでも生きたのはライターケースのときの、イヤってほどの失敗経験なんだよ。それが俺のアイディアの引き出しだな。

いつだって、新しいモノが突然できるなんてことはない。自分で失敗を重ねて積み上げた過去の技術やノウハウが、未来をつくるんだ。

それを担ってるのが大企業じゃなくて、俺のところみたいな町工場だってのにはわけがあるんだよ。大企業はまず、失敗しないこと、リスクがないことを優先するだろ。上司だって、「俺がいる間は、〝余計〟なことはしてくれるなよ。責任とらされちゃかなわんから……」って態度だ。「いくらでも失敗してやるぞ」と腹を括ってるこっちとはどだい、取

⬆携帯電話のリチウムイオン電池ケースができるまでの工程。
携帯電話の小型化は、この電池ケース抜きには語れない。１枚の金属板が、だんだん深く絞られて電池ケースになる。
三十数年前、難しくて誰もやりたがらなかった「ステンレスのライターケース」に挑戦、何度も失敗をくり返した末に成功させた。当時は日本全体が好景気で、誰もあえて難しいことに手を出さなかったのだ。
その結果、ステンレスの電池ケースを深絞りでつくれる職人ということで依頼された。「人のやらないことをやる」というモットーが、ここでも生きている。

り組む姿勢が違うよ。画期的なアイディアなんか生まれっこねぇよ。

だけど、勘違いしないでくれ。うちが開発した技術や製品を見て、「岡野はいいな。次から次にいろんな発想がわいてきて……」なんて思うかもしれないけど、楽してて発想なんか湧いてきやしねぇよ。

俺はいつもプレッシャーのなかで仕事をしてる。依頼してくる企業の担当者から、「なんとしても完成させてください。そうしないと、わたしのクビも飛びかねません」なんて言われてみな。ハンパなプレッシャーじゃねぇよ。

こんな風貌、こんなしゃべりだから、お気楽に見えちまうのかもしれないけど、見えないとこじゃ、仕事のことばっかり考えてるんだ。優雅に泳いでるように見える水鳥が、水の中じゃずっと足をバタバタさせてるのとおんなじよ。

まぁ、そいつを楽しんでるってのが本音といやぁ、本音なんだけどさ。

column
【職人のオフレコ談義】
⑥味オンチにいい仕事はできない

旨いものを食わないといい仕事はできないね。

グルメブームとかなんとかで中途半端な味がまかり通っちまってるから、本物の旨さがわからなくなってる。だけど、食うんなら最高に旨いものを食わなきゃつまんねぇよ。

味噌汁一つにだって特許があるんだ。超一流と冠がつくホテルや料亭で出す味噌汁は味が似てるんだよ。それが特許の味ってやつだな。一口すってそれがわかるようになったら、大したもんだよ。

俺は、味がわかるってことは仕事にも通じると思ってる。

旨い、まずいがちゃんとわかるのは、感性が研ぎ澄まされてるってことだろ。仕事だって感性が鈍くちゃダメ。味オンチにはハンパな仕事しかできないね。

旨いものにこだわるってことが大事なんだよ。いい仕事をしてるヤツを見てみな。みんな自分の仕事にこだわってるよ。

だから、「もっとよくならないか」「もっといいものができないか」って、より高いものを追求できるんだ。こだわりは仕事のレベルを上げる原動力なんだよ。こだわりがなきゃ、一流にはなれねぇな。

一流っていわれるものにはそれだけの「何か」があるんだよ。

俺はよく話をするんだけど、天ぷら屋も一流となりゃ、並の職人は客の前に立たせない。一五年以上みっちり修業を積んだ職人でなきゃ、天ぷらを揚げさせないんだよ。二流、三流の店じゃ、きのうきょう職人になりましたってのが、平気で天ぷら揚げてるけどな。

食いものだけじゃない。時計だって背広だって、一流は隅から隅まで工夫が凝らされてるし、仕事が丁寧だ。つけ心地、着心地が違うよ。最高級の車は汚れなんかつかねぇもん。塗装がぜんぜん違うんだ。

一流を知るってことは贅沢なんかじゃないんだよ。「こんなところまで考えつくされてるのか」「ここまで徹底してるのかよ」っていう驚きの発見が必ずあるからね。

それが自分の仕事に対する向きあい方に刺激を与えてくれるんだ。

「俺、めいっぱい頑張ってたつもりだけど、ここまでやる世界もあるんだな。まだまだ、考えなきゃいけないこと、やらなきゃいけないことがあるな」

そう、適当なところで妥協してる自分を叱咤《しった》激励してくれるんだよ。二流、三流しか知らなきゃ、こうはいかねぇや。

俺は金がない頃から、無理してでも、一流を知ろうとしてきたね。コツコツ貯めた金で行き慣れない高級ホテルにも泊まったし、三つ星レストランにも行った。そうたびたびはできないさ。一年にいっぺんがいいとこだった。だけど、それでいいんだよ。

とにかく自分の目で一流を見る、自分の手で一流に触れる。そいつが肝心だな。そして、「すげぇな」って感動すりゃあいい。

俺は「すげぇな」ってことからいくつも仕事のヒントをもらってる。それを活かして開発した技術や金型もあるんだよ。「すげぇな」ってのは発想の源泉なんだ。

一流を知るってことに関しては、分相応とか身の丈なんてのに囚われることはない。借金までしろとはいわないけど、ばぁ～んと大盤ぶるまいしちまいなよ。

第7講

「世渡り力」があれば、自分にしかできない仕事ができる！

「こいつにはダマされてやろう」と思わせるものとは？

ウソにはつき方ってやつがあるね。こいつは覚えておいて損はない。こんな話を知ってるかい？　ときは群雄割拠の戦国時代だ。みんな虎視眈々《こしたんたん》と国盗《と》りを狙うなかで、活躍したのが〝ラッパ〟っていう連中なんだよ。

こいつらの役割は〝大ウソ〟をつくことなんだ。敵の領地に潜入して吹きまくるわけさ。

「攻めてくるのは、えれぇ強い精鋭部隊だぞ。軍勢もこっちの五倍はいる。とてもじゃないけど、相手になんかなりっこない。戦ったって無駄死にだね」

実際は精鋭にはほど遠く、軍勢もごくささやかだったとしても、ここまで大風呂敷を広げられたら、「ヤバイかも……」ってことになる。戦う前から戦意喪失だよ。じつにうまい情報戦略だよな。

このラッパ方式は、俺、認めるね。まるっきりありもしないことを、さもありそうに言うのはただのウソでしかねぇけど、あることをでっかく言うんだったら、それはしゃべりのワザなんだよ。いいじゃねぇか。

俺なんか「ノーベル賞とるからよ」って言ってるもん。根拠なんかありゃしないけど、そう言うことでまわりが注目してくれるし、仕事にも繋がっていくんだよ。ラッパの〝営業力〟を見くびっちゃいけない。

いけないのは人の足を引っ張ったり、人を裏切るようなウソだね。ウソで他人を貶《おとし》めて自分をよく見せようなんてのは、根性が卑しいよ。それにたいがいバレるんだよ、その手のウソってのはな。

自分を守るためのウソってのも嫌だね。てめぇがしでかしたことなのに、「じつはあいつが、こうしてくれなかったから、こんなことになっちまって……」なんて弁解がましいウソをつくやつがいるだろ。責任転嫁だな。

どうせウソをつくんなら、〝攻め〟のウソでなくちゃな。自分でやりたいことがあって、それを実現するためにつくウソ、窮地からの一発逆転を狙ってつくウソ、自分を賭けて大勝負に出るときのウソ。そんなんなら俺はウソをつかれたっていいね。

攻めるときのウソには覚悟ってもんがあるんだよ。同じウソをつくにしても、腹をきっちり括ってるのが見える。三百代言を並べ立てるヤツとは目の色が違うんだ。いままでずいぶん、「こいつはウソだな」ってことがあったけど、相手が腹をくってるのがわかったら、俺は「おぅ、そこまで必死なんだな。だったら、いいよ、ダマされてあげるよ」って気になったね。

忠臣蔵の名場面があるだろ。大石内蔵助一行がこっそり武器を隠して江戸に向かうわけだ。もちろん、大石一行とは言えねぇから、日野家用人・垣見五郎兵衛《かきみごろべえ》の名を騙《かた》るわけさ。けど折悪しく、大石たちのいる宿に当の垣見が来ちまう。自分の名を騙られたとあっちゃあ、見過ごすわけにはいかねぇよ。

垣見は大石のいる部屋に乗り込んで、俺が本物の垣見五郎兵衛だ、俺の名を騙る不届きもののおまえは誰だ、と迫る。一方、大石も俺が本物だと言って譲らない。垣見はついに、本物だったら道中手形を見せろ、と大石を追い込むんだよ。

しかたなく、大石は垣見に手形を渡す。もちろん、本物の手形は垣見が持ってるわけだから、中身は白紙さ。それを大石に突きつけて、白黒をつけようとした垣見は、そこでニセの手形を包んでいた袱紗《ふくさ》に気づくんだよ。袱紗には浅野家の家紋が染め上げられていたんだな。

すべてを察した垣見は、ニセモノは自分だと認め、名前を騙ったことを大石に詫びるんだよ。そして、本物の道中手形を大石に渡す。大石のウソにダマされることに決めたってわけだ。主君の仇を討つために、大石がついた一世一代のウソ、命がけのウソが、垣見の心を動かしたんだ。

ウソもここまでいくと、なまじの真実なんか、足元にも及ばないよ。いいかい、ウソは絶対腹をくくってつけよ。

ガードの固い人より「ナメられやすいヤツ」になれ

人にナメられるくらいじゃなきゃ、いい仕事はできないね。

俺は東向島の金型屋の二代目だけど、先代の親父っていうのが昔気質の職人そのまんまだった。口ベタでロクにものも言わない。つくる金型に自分の持ってる職人の技術を込めりゃいいいってタイプだった。腕はよかったね。それもとびきりだ。

その二代目ってのは楽じゃねえよ。とくに俺なんか、親父の言うことをよく聞いて真面目に修業しようなんて気はなかったから、若い頃は遊び呆けてたね。近所の目を気にして、表面はとりつくろい、こっそり遊ぶなんて器用な真似はできねえから、悪さしてるのはみんな知ってた。どんな評判が立ったか想像できるだろ。

「岡野のとこさ、あいつ（俺）の代になったらつぶれるよ。こいつだけは間違いねぇ。俺が保証してやる」

⬆岡野をゲンコツで鍛えた師匠でもある父・銀次さんと、妻・ユキさん。

一〇人が一〇人、そう言いやがった。ナメられたもんだよな。だけど、そこまでナメられたら、こっちだって「上等じゃねぇか！」って気になるさ。がぜん、やる気が起きてきた。反骨魂ってやつかな。

人にナメられたくない、ナメられたらお終いだ、なんて考えてるヤツがいるかもしれないけど、俺に言わせりゃ、違うね。ナメたいヤツにはナメさせときゃいいんだよ。そのたんびに反骨魂が逞しくなっていくんだからさ。

「コンチクショウ、いまに見てやがれ！」。そんな反骨魂以上に自分のやる気を掻き立ててくれるもんはないんだよ。親父は手取り足取り職人ワザを教えてくれるなんてこ

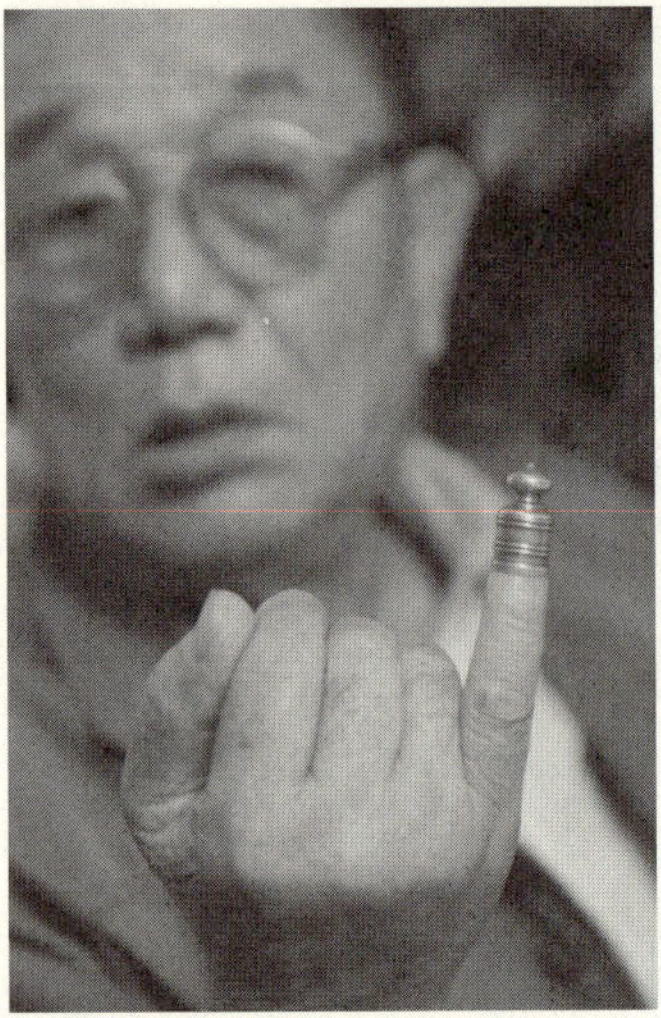

➡職人気質だった明治35年生まれの父・銀次さんがつくった擬宝珠（ぎぼし。欄干などの柱の上端につける宝珠形の装飾）。1枚の板を絞ってつくってあり、どこも切ったり貼ったりしていない。
ＩＴ技術が生まれるはるか以前のアナログの時代、ここまで進んだ技術があった。「痛くない注射針」も、携帯電話のリチウムイオン電池ケースも、原点はこういった基礎にこそある。
「これだけはいまだに俺もつくれない。親父はこの技術を俺に教えるまえに他界したんだ」

とはなかったけど、俺は仕事を覚えた。

仕事も遊びもノーガードだから、人は気安くまわりに集まってくれたね。そんな中から、仕事をくれる人も出てきたんだよ。引き受けた仕事は絶対に手を抜かない。これは間違いなく親父の血だね。俺がつくった金型はどこにも負けなかった。

評判が悪かろうが、いい金型さえつくればこっちのもんだ。仕事はどんどん増えていったね。

俺の代になったら岡野工業はつぶれる。俺をナメ切ってそう言ってた連中のざまったらなかった。だけど、そんな連中がいたから俺も仕事に打ち込むことができたのは確かなんだ。もちろん、駆け出しに毛が生えた程度のその頃の俺を支えてくれた人、担いでくれた人たちにはいまでも感謝してるけど、ナメてくれたヤツらにも「おぅ、やる気にさせてくれてありがとよ」くらいの気持ちは持ってるね。

ナメてかかってくる相手には、「ナメたきゃ好きなだけナメてくれ。ナメなきゃ俺の味がわからないだろ」って思っていればいいんだよ。相手が見くびってる間に、こっちは味にスパイスをたっぷり利かせるために、頑張りゃいいんだ。

そしたら、結果は見えてる。

「あのヤロウ、甘く見てナメてたら、とんでもねぇことになっちまった。なんだかこっちの舌がしびれてきたぜ。やべぇ、負けた！」

ってことになるもんなんだ。ナメられまいとへたにガードを固めて、縮こまっちゃいけないよ。

「察しのよさ」も芸のうち

若いうちはうんと遊んどけよ。真面目一本、正直一筋ってのは、聞こえはいいけど、応用が利かない。いまは「KY」とか言うんだっけ？　要するに、勘所が読めねぇんだな。

俺の仲間内にも困ったのがいる。職人てのは仕事が終われば、一杯ひっかけて、ついでにお姉ちゃんとお話でもしようかと思うのが、なかば習性みたいなもんなんだよ。だけど、女房に「ちょっとお姉ちゃんと話してくらぁ」とは言えねぇよな。だから、

「あ、そうだ、これから岡野と仕事の話をしなきゃいけなかったんだ。面倒くせえな。しゃあないから、ちょっくら行ってくるわ」

なんて言って、わざと仏頂面で出かけるわけだ。ま、家を一歩出ちまったら、仏頂面転じて恵比須顔になるのは言うまでもない。けど、女房だって一筋縄ではいかない。

「こんな時間から大変だねぇ。ご苦労さま、行ってらっしゃい」

と送り出しはするものの、亭主の言ったことをまともに信じてるわけじゃないんだ。素知らぬふりして、俺のとこに電話をかけてきたりする。

「あ、岡野さん、いつもお世話さま。うちの旦那、もう着いた？」

着いてるわけねぇよ。ハナから仕事の話なんかないんだからさ。正直一筋はここで困ったことをしてくれるんだな。

「旦那って？　なにそれ。今日、約束なんかしてねぇよ」

せっかくの口上も仏頂面もおジャンだよ。ここんところは、女房の電話を受けたら、瞬時に察せなきゃいけねぇや。

「おぅ、ちょっと前に電話が入ってよ。一軒、ほか回ってからこっち来るってさ。もう、一〇分もしたら着くだろ。着いたらそっちに電話させようか？」

こんな具合に、女房のひっかけを軽く受け流すくらいじゃないと使えないね。

察しが悪いと、仲間だってだんだん距離を置くようになるんだよ。そのうちまわりに誰もいなくなっちまう。仕事の情報も商売のネタも、仲間がいてこそ入ってくるってもんだろ。つきあいがなくなったらお終いだよ。

ふつうの仕事だって同じさ。察しが悪くちゃ使いものにならないよ。商談なんかしてて

もさ、時間によっちゃあ、
「こんな時間ですね。どうですか、続きは食事でもしながらやりませんか？」
ともっていく。腹も頃合いだったら、相手だって望むところだろ。それを、
「こんな時間ですね。それでは続きは明日ということで、今日はこれで失礼します」
なんてやっちまったら、察しが悪い人、気がきかないヤツの烙印《らくいん》を押されるのは間違いないよ。どうだい、真面目、真っ正直ってのは、案外、厄介なもんだろ？

察しのよさを身につけるには遊ぶしかないね。お金を使って、いい思いもし、こっぴどい目にも遭って、「そうか、こんなときは、こう出たほうがいいんだな」ってだんだん勘所がわかってくるもんなんだよ。

そうなると仕事もおもしろくなってくる。だって、勘所が読めれば自分で仕掛けをつくれるじゃねぇか。

「相手は一杯入ると本音が出る。じゃあ、今日は会社では本題には触れずに、ちょいとじらして、飲ませながらズバリ本題に切り込むとするか」

それがツボにはまってみな。気持ちいいなんてもんじゃないよ。

「受けた恩は一生」の意味

誰かに面倒みてもらった、助けてもらったら、恩義を感じないヤツはいないよ。相手に足を向けて寝られない、毎日、手を合わせずにはいられないって気にもなるよな。だけど、時間が経って仕事が軌道に乗ったりすると、その恩義を忘れちまうのがいるんだ。

恩義を軽く扱うヤツは許せないね。一度受けた恩義は一生もんなんだ。

五〇〇万円の金がなきゃ、会社が倒産しちまうってときに、ポンと五〇〇万円を貸してくれた人の恩義は、金を返せばチャラになるってもんじゃないよ。そのときの五〇〇万円がなきゃ、会社はポシャって終わり、それからの人生だって、家族もろともどうなってたかわかんないじゃねぇか。五〇〇万円が人生を救ってくれたんだ。

一生恩義を感じ続けるってのは当たり前のことなんだよ。恩義を受けた相手を裏切って恨みを買うなんてのは最低だ。いや、相手が誰であっても恨みを買うようなまねはしちゃいけないよ。仕事をやってりゃ、切らなきゃいけない相手も出てくる。だけど、そこできちんとけじめをつけておけば、恨みを残すことにはならないんだよ。なし崩しってのがいちばん始末が悪いね。

妬《ねた》みってのとちょっと違うな。勤め人の世界でも、同期のなかから一人だけ昇進したりすると、まわりのヤツらの態度が変わってくるだろ。てめぇの仕事っぷりは棚上げして、あいつはどうのこうのと、あげつらうじゃねぇか。妬みだね。

恨みとは違って、妬みならどんなに買ったってかまやしねぇよ。

妬むヤツ、やっかむヤロウなんか、相手にしなきゃいいんだ。「あんたにはかないません。わたしらにできるのはせいぜい、あんたの悪口いうくらいのもんで……」ってのが妬みなんだよ。逆読みすれば、「称賛」だな。こっちがレベルは上ってことを認めてるから、やっかむしか手がねぇんだ。

そんなヤツらとは関わりあわないで、どんどん先に行っちまえばいい。ヤツらが気がついたときには、こっちはもう手が届かない高いところにいるって塩梅だな。大差がついたら妬みもなくなるんだよ。どうしたってかなわないとなりゃ、人間、足を引っ張ったり、貶《おとし》めたりしようって気はなくなる。尻尾《しっぽ》を巻くしかないってね。

ことほどさように、個人のやっかみはなんてことはないんだけど、企業内の組織的なやっかみってのは、少々、やっかいだな。せっかくいいものができても、それが邪魔して世の中に出ないってことがあるからね。

うちで開発したビール缶もそうだった。ある会社から、缶ビールの飲み口が小さくて、ごくごく飲み干してる感じがしないから、飲み口をもっと大きくできないかって依頼があったんだ。これがけっこう大変な仕事でね。ビールには炭酸が入ってるから、ただ飲み口を大きくしたんじゃ、ちょっとの衝撃で開いちまうんだよ。

衝撃に強くするといっても、缶自体を分厚くするわけにはいかないってんで、何度も試作を繰り返すハメになったわけだ。完成するまで一年半はかかった。ところが、製品が出てこないんだよ。

詳しい事情は知らないけど、すんなり出してりゃ、ヒット商品になったのは間違いないんだからさ。

「腹からの声」が自信を生む！

「楽しいから笑顔になる」と思うだろう？　逆だよ、笑ってるから楽しくなるんだ。

それと同じで、自信があるからでかい声になるんじゃなくて、でかい声を腹から出してると自信がついてくるんだよ。

自分はとっつきにくいタイプなんじゃないか？　と思ってる人が多い気がする。近くにいつも大勢の人に囲まれてるヤツがいたりしたら、そう感じるんだろうな。

実際、俺のまわりにもポツネンと一人でいるヤツがいる。まわりが寄ってかねぇんだよ。どっかに原因があるんだな。オーラだよ。芸能人でもスポーツ選手でも一流どころになると、オーラが出てるっていうだろ。メジャーリーガーのイチロークラスになると、どんなに人でごった返してる場所でも、「あっ、イチローだ！」ってわかるっていうけど、確かにオーラってのはあるね。そのオーラもいろいろだ。

人が寄ってかないのは「こっちに来るな」オーラを出してるからなんだよ。

しょぼくれた顔、つまんなそうな顔、覇気のない顔……。オーラの源はそれだな。そんな顔してるヤツには誰だって寄ってきたかねぇもん。

そうそう、俺は偉そうな顔も嫌だね。

どんな顔をしてたって文句をいう筋合いじゃないけど、考えてもみなよ。あいつしょぼくれてるな、つまんなそうだな、覇気がねぇな……なんて人から思われるのは、ムカッ腹が立たねぇか。だったら、そんな顔はしないほうがいい、と俺は思うね。

俺なんかわかりやすいよ。ガハハと笑ってる顔か、おっかない顔か、どっちかしかねぇんだからさ。どんどん人が寄ってくる。

声の小さいのもダメだね。小声でボソボソしゃべって、自分をわかってもらおうなんて甘いんだよ。

言いたいことをでっかい声で言わなくちゃ、「俺」の存在なんて認めちゃもらえないぞ。存在が認められなきゃ、つきあいなんか始まらないよ。

俺は気が短いから、口んなかでもごもご言ってるヤツには、「ちゃんとめし食ってから、出直してこい！」でお終いだな。

俺の声がでかいのは、近所でも有名だよ。工場の一〇メートル手前からでも、俺がいるかいないか、わかっちゃうからね。わざわざ工場の戸を開けないでも、「おっ、今日は岡野さんいるな。ちょっと顔出していこう」って判断できるんだから、面倒がなくていいや。早いとこ、「こっち来るな」オーラを消して、でっかい声を出したらどうだい？　そのほうが、いいことはいっぱいあるし、悪いことなんかこれっぽちもねぇんだからさ。人生、変わるよ。

楽しそうな顔しててみなよ。誰だって「おっ、何かいいことあった？」って声をかけたくなるってもんだよ。

でっかい声を出せば、それだけで目立つし、こっちの言い分だって通るんだ。

こいつは証明ずみだよ。俺の工場には超一流企業のエリート連中が年中訪ねてくる。大学院出のバリバリだ。さぁ、商談となったら、彼らは頭がいいし、理詰めで攻めてくるよ。だけど、いつだってこっちの思うとおりに決着するね。俺の声がでっかいからだよ。でっかい声は理路整然と組み立てられた論理なんかに負けやしない。それを押しつぶすだけのパワーってもんがあるんだよ。

もう一つ、でっかい声の効用を教えようか？　いつもでかい声を出してるヤツが、ここぞというときに黙ってみなよ。相手に与えるインパクトはハンパじゃない。「まずいな、これは条件を飲まないと、大変なことになるかもな」って向こうが勝手に一人相撲をとってくれて、軍配はこっちに上がるんだ。

〝沈黙は金なり〟ってのは、でかい声あってこその金言なんだ。

玉の井で鍛えた「世渡り力」

俺はいつも言ってる。仕事で成功したきゃ、金儲けをしたいんなら、「世渡り力を鍛えなよ」ってね。勉強したとか、学歴があるとかってんじゃ、通用しないんだよ。これからの世の中、世渡り力があるヤツがますます幅を利かすようになるね。

俺が世渡り力を鍛えたのは玉の井だ。育った頃の玉の井は遊廓を中心にした一大歓楽街だった。それぞれに訳ありの、いろんな人間が集まってたね。人間の坩堝《るつぼ》ってやつだな。ガキにとっちゃ、これ以上刺激的でおもしろい環境はねぇよ。毎日のように俺は玉の井に入り浸って、色っぽいお姉さんやおっかねぇお兄さんたちから、大事なことを教わった。お姉さんもお兄さんも能書きなんかたれない。全部が全部、〝実践指導〟だから、こいつは身にしみたねぇ。

お姉さんから頼まれて、タバコや石けんなんかも買いに走った。すると、必ず、小遣いをくれるんだ。人にただでものを頼んじゃいけないってことが、自然にわかったもんだよ。背中に彫《ほ》り物《もの》を入れたお兄さんだって、銭湯で背中を流せば、牛乳代やラムネ代を握らせてくれた。人に世話をかけながら、何にも返さないなんてこすっからい生き方は、あの頃の玉の井にはなかったんだ。

騙しただの、騙されただのって話はそこらじゅうに転がってたけど、騙したヤツは、結局、ロクなことにはならないってことも知った。誰でも受け入れる玉の井でも、そんなヤロウだけは爪弾《つまはじ》きだった。

お姉さんから教わったことで、ずっと胸に刻みつけてきたのは、何かしてもらったら「ありがとう」は四回言えってことだね。たとえば、ごはんを奢ってもらったら「ご馳走さまでした。ありがとうございました」ってのは常識だ。

だけど、それでお終いにしちゃ相手の印象には残らねぇよ。会社の上司だったら、翌朝、顔を合わせたときに、「おはようございます。きのうはご馳走になりました。ありがとうございました」とやってはじめて、「おっ、こいつはけっこう、わきまえがあるな」ってことになるんだ。

他社の人間だったら、電話でお礼を伝えりゃいい。きょうび、わざわざ感謝の電話をかけてくる若いのはそういないから、相手にとっちゃうれしいサプライズだよ。まだ足りないよ。次の週にでも会ったら、「先週はご馳走さまでした。ありがとうございます」、月が変わっても、「先月は～」とやって欲しいね。

感謝に時効なんてのはないんだよ。

「ありがとうを四回」を徹底すりゃ、「かわいがられる」ことは俺が保証する。なにかにつけて誘いがかかるだろうし、本人がいないところでも話題になるね。

「彼すごいね。いつだってお礼を四回も言うんだ。こっちが恐縮するくらいだよ。あれはやっぱり、親のしつけだろうね。ああいう人間なら、間違いない」

と、こうくる。へたなおべんちゃら言ってるヤツより、よっぽど信頼されるってもんだな。それが何かの仕事のときに、「あいつと組もう」「あいつに任せよう」ってことに繋がるんだ。こういうのを実践の信頼感っていうんだよ。

玉の井で学んだ「感謝四回」、俺は世渡り力の基本だと思ってるね。こいつは盤石《ばんじゃく》だぞ！

⬆かつて遊廓・玉の井があった界隈。
今の歌舞伎町と六本木を合わせたような歓楽街だった。芸者、噺家、役者、女優などが連日連夜集い、生々しい人間模様を繰り広げるなか、お使いに行く若い者だからこそ、一流人たちの素顔や本音の部分などの舞台裏を見ることができた。いまでいえば、正社員よりもバイトのほうがいろんな場面に立ち会えるといった状況に似ている。こうして人や情報、お金とはどういうものかを学び、「世渡り力」を鍛え上げた。

大メーカーと共同で特許を取るもうひとつのワケ

モノづくりとか技術の開発っていうと、「特許さえとればこっちのもの！」なんて思うだろ？

大きな勘違いってやつなんだ、これが。特許をとってひでぇ目に遭ってる人を、俺は何人も見てきてる。カラクリを明かそうか？

一人で特許をとったとするだろ。とったほうの思惑は、その特許の使用権を大企業に高値で売ろうってところにあるわけだ。

だけど、大企業ってのは「お願いします。使わせてください」なんてことは言ってきやしないよ。知らん顔してそれを商品化しちまうんだ。

そんなことをしたら特許権侵害で訴えられるのは、百も承知、二百も合点のうえでの確信犯だ。裁判沙汰になれば、判決が出るまでに長い時間がかかって、結審する頃には技術

自体が古くなっちまうし、賠償金だって大したことはないんだよ。

　裁判もたいがい大企業が勝つね。俺も何度か経験があるけど、**いくらこっちが正しくても、金に飽かせて専門の弁護士を大勢雇ってくる大企業には勝てっこないんだよ。おかしな話だけど、多勢に無勢ってやつだな。**

　特許を個人でとってもロクなことにはならないね。特許は大企業と組んでとるんだ。「痛くない注射針」ができたときも、俺は真っ先にテルモの担当者に言ったね。

「会社に帰ったら、すぐ、特許をとる準備をしてくれ。特許出願者はおたく(テルモ)でいいよ。岡野工業は開発者だ。その代わ

り、特許にかかる費用は、おたくで全部持ってくれよ」

特許の内容にもよるけど、費用がバカにならない。たかが針一本だけど、漏れがないように特許をとると四〇〇〇万円くらいかかるんだよ。それは全部テルモ持ちだ。いくら払ったって回収はすぐできる。テルモも大喜びさ。

出願者に大企業の名があれば、ほかは手を出せないし、海外にも情報網があるから、どこかでパクってもすぐ対応できる。ぼやのうちに火を消せるんだよ。

それだけじゃない。ここがいちばん肝心なとこだけど、PR効果がすげぇんだ。

共同出願者としてトヨタ自動車やテルモと岡野工業の名前が対等に並ぶんだ。産業界は特許に目を光らせてるから、世界中で特許書類は見られてるんだよ。トヨタ自動車と岡野工業、テルモと岡野工業……。そんなのを目にすりゃ、「岡野工業っていったいどんな会社なんだ⁉」ってことになるだろ。

宣伝費をどんなにかけたってこんな効果的なPRはできないね。実際、外務省を通じてうちの工場を見学させて欲しいって要望が、世界中から引っ切りなしにきてるよ。いろんな国から高い飛行機代を使って、従業員五人の町工場を見に来るんだ。こんなに気持ちがいいことはないよ、ほんとに。

大企業と組んで特許をとるってことは、権利を担保するって意味合いだけじゃないんだよ。俺の狙いはむしろ、ＰＲ効果のほうにある。これが「世渡り力」ってもんだけど、学校じゃ絶対に教えてくれないよ。

「本業以外の芸」が本業を決める！

自分の仕事はしっかりやってるつもりだし、少しは自信がある。結構、多いんだよ、この手の若いヤツが。本業をおろそかにしないのは悪かないけど、それでいっぱしの人間だなんて胸を張られたんじゃ困るんだよ。

本業ってのはきっちりやるもん、と相場が決まってんだ。見よう見まねから始めて、ある程度やってりゃ、誰だってそこそこはこなせるようになるんだからさ。ホントの勝負はそこからなんだ。

本業のほかに何かプラスα《アルファ》を身につけられるかどうか。そこで十把ひとからげの人間で終わっちまうか、もう一歩先に行けるかが決まるね。

「そうか、本業以外に何か役に立つ資格をとれってことだな」

間違ってもらっちゃいけない。俺が資格をとれだのなんだの、せこいことを言うと思うかい。プラスαってのは芸だよ、芸。俺の友だちの息子さんが医者なんだ。腕は立派なもんだよ。けど、「腕はいいです」だけじゃ、なかなか患者は集まらない。「本業に多少の自信はある」ってのと同じだ。

そこでやっこさんは考えた。

「誰だって医者に来るのは嫌に決まってる。そこをなんとか、来るのが楽しみって具合に変えられないかな」

頭をひねったすえに、思いついたのが手品だったってわけだ。患者のなかでも医者が手を焼くのは、やっぱり子どもだよ。白衣を見ただけでもおっかながっちゃうし、注射器なんか持ち出そうもんなら、もう間違いなく大泣きだ。

だけど、診察の前にちょっとしたマジックショーでも見せりゃ、子どもは大喜びだし、医者にもグッと親しみを感じるだろ？　ご機嫌のうちに診察がすんじゃうってことになるんだよ。子どもが喜んで行く医者なんて、そうざらにはいねぇぞ。親にとっても、こんなにありがたい医者はないやね。

評判が評判を呼んで、遠くから電車賃かけても来ようって患者がどんどん増えてくって寸法だ。芸のおかげで本業の腕が存分に活かせるってことになるんだよ。

芸といったって、なにもかたく考えることはない。自分の取り柄をちょいとばかり磨いてやればいいんだ。

「取り柄って言われても、おしゃべりだってことくらいしか……」

おしゃべり？　いいねぇ。しゃべるのが好きだったら、しゃれた言い回しの二つ、三つ仕込んどくといい。落語の一席でも聴いてみな。いくらだってしゃれた言い回しのネタが転がってるからよ。

飲み食いが好きなら、旨い店の情報をたっぷり仕入れておくなんてのもいいね。「あいつはすごいよ。和でも洋でも中華でも、とにかくいい店知ってるんだから。まるで〝歩くミシュラン〟だね」

そんな定評がつけば、こいつはもう一流の芸だよ。自然につきあいが広がるし、誘いもかかるようになるってもんだ。本業一筋じゃ、こうはいかない。

何でもいい、人から一目置かれる芸を身につけると、まわりが賑やかになっていくんだよ。仕事だって賑やかな中でやったほうが、おもしろいに決まってるよな？

頭がいいのと利口は違う！

みんな、アタマがいいヤツになんかなることないぞ。なるんだったら利口になんなきゃ。アタマがいいってのは小さいうちから勉強して、一流の大学や大学院を出てるってことだろ。ひらたく言ったら、高学歴ってやつだ。

俺はとてもじゃないけど、アタマがいいってのにはなれないね。なにしろ、熱心に勉強したのは花街・玉の井だ。とにかく学校の勉強ってのが大嫌いだったから、小学校しか出てねぇよ。だけど、これまで開発してきた技術を発想するときも、それをかたちにするときも、「もっと学校の勉強しときゃよかった」なんて思ったことはないね。

勉強しないで頭んなかに空きがたっぷり残ってるから、誰もできない発想ができるんだよ。これは銀行の頭取だった人に聞いたんだけど、大学卒業するまで必死に勉強してきたエリートってのは、銀行に入ったとたんに、ＩＱがガタッと落ちるんだってさ。頭に余裕がねぇんだな。

たとえば、キャリア官僚ってのはほとんど東大卒だろ？　勉強ばかりしてきて、トップだった人だよな。俺の仕事でも、世界最高レベルの設備・教育の中で育った東大や京大出の博士が「どうしてもできない。金はいくらでも出すから作ってくれ！」と泣きついてくる。なんでこんなことになるか？

カギは「誰も答えを知らない問題を考える力」があるかないかだよ。

ここにきて、アメリカが衰えてきた。日本も人口が減る、超高齢社会になる、若者の犯罪も止まらない、学力が低下する、中国はじめ新興国がガンガン追い上げてくる――前例がなくてどうしていいかわからない上に、アメリカという目標もなくなっちゃった。暗闇で手探りで行く先をさがすような時代なんだ。誰も作ったことがないものを、どうすればできるか考える俺の仕事と通じる。

問題集には必ず「解答集」がついてるだろ？　受験エリートは、誰かが解いてくれた問題ばかり考えてきた。でも、キャッチアップじゃだめなこれからの時代には、誰も答えなんて持ってないだろ？　自分で答えをさがす力がどうしたって不可欠だよな。

物理学の大学教授が「理論的に不可能」と断言した「痛くない注射針」がなぜできたか？

それまでの「針ってのは、パイプ状のものを切断してつくるもんだ」という常識に、エリート博士もどっぷり浸《つ》かってたからだよ。俺は、「その常識、前例こそネックじゃないか？一枚の板を丸めればできるんじゃないか？」と考えた。これが「答えがわかっていない問題を解く」ってことだよな。エリートは「丸めてつくるなんて、できるわけない」とハナから決め付けてそれ以上考えもしないんだ。

アタマのよさはピカイチなんだろうけど、それじゃ、利口にゃなれないね。俺は大学や大学院を出た技術者を大勢知ってるけど、モノづくりでも、図面を超えるってことがないんだよ。物足りないね。言葉は悪いけど、俺から言わせりゃ、ハンパな仕事だよ。

図面を超えた仕事をするには感性、発想が必要なんだ。利口ってのはその感性、発想が豊かだってことなんだよ。俺の頭んなかはほとんど感性と発想だな。「痛くない注射針」だって、図面・一割、感性と発想・九割でつくったと言っていいね。

四〇年前につくった鈴があるんだよ。ふつう鈴ってのは二枚の金属の板を継ぎ合わせて、なかに音を出すための小さな金属の玉が入ってるだろ。つまり、三つの部分からできてるんだよ。

ところが、あるプレス屋が俺にそんな当たり前の鈴じゃなく、継ぎ目がない鈴ができな

いかって言ってきたんだ。アタマがいいヤツだったら、コンピュータかなんかでちょっと
シミュレーションでもしてみて、「できない」って答えを出すだろうな。

俺も最初は「そりゃあ無理だぜ」と答えたんだけど、プレス屋があんまり熱心だし、できっこなさそうなことほどやってみたくなるって気性はどうにもならねぇな。俺は本気になったね。

完成するまでに三年かかったけど、俺は一枚の板から鈴ができる金型をつくりあげた。この継ぎ目なしの鈴はいまだって、俺の金型でしかつくれないんだよ。いつだったか、大企業に呼ばれて話をしたとき、そこにいた超有名大学出、大学院出のエンジニアたちに、「あんたたち、こんな鈴つくれるかい？」と言ってみたけど、全員お手上げって塩梅だったな。こいつもアタマがいいのと利口との違いってやつだよ。

勉強ばっかりしてちゃ、利口にはなれないよ。利口にな

るには世間にもまれなきゃな。いろんな人とつきあって、女に惚れてフラれて、心底おもしれぇってことも、泣きたいほどつらいってことも、自分自身で経験しなきゃダメなんだ。純粋培養のエリート官僚がおかしな事件を起こすのは、何一つ、肌身にしみる経験ってやつをしてないからだよ。利口になれてないんだな。

利口になったら強いぞ。仕事や人生で行き詰まったって、ちっとも怖かねぇよ。「これがダメならあれやってみるか。あれもダメならこんな手もあるな」って具合に、次の一手がどんどん出てくる。アタマがいいだけじゃ、煮つまっちまって、動きがとれなくなるんだよ。

いまからでも遅かない。みんなも経験積んで、利口になってみちゃどうだい？

本書は、二〇〇九年に刊行された『カネは後からついてくる！』（青春出版社）を、改題・再編集のうえ新書判としたものです

青春新書
INTELLIGENCE

こころ涌き立つ「知」の冒険

いまを生きる

〝青春新書〟は昭和三一年に——若い日に常にあなたの心の友として、その糧となり実になる多様な知恵が、生きる指標として勇気と力になり、すぐに役立つ——をモットーに創刊された。

そして昭和三八年、新しい時代の気運の中で、新書〝プレイブックス〟にその役目のバトンを渡した。「人生を自由自在に活動《プレイ》する」のキャッチコピーのもと——すべてのうっ積を吹きとばし、自由闊達な活動力を培養し、勇気と自信を生み出す最も楽しいシリーズ——となった。

いまや、私たちはバブル経済崩壊後の混沌とした価値観のただ中にいる。その価値観は常に未曾有の変貌を見せ、社会は少子高齢化し、地球規模の環境問題等は解決の兆しを見せない。私たちはあらゆる不安と懐疑に対峙している。

本シリーズ〝青春新書インテリジェンス〟はまさに、この時代の欲求によってプレイブックスから分化・刊行された。それは即ち、「心の中に自らの青春の輝きを失わない旺盛な知力、活力への欲求」に他ならない。応えるべきキャッチコピーは「こころ涌き立つ〝知〟の冒険」である。

予測のつかない時代にあって、一人ひとりの足元を照らし出すシリーズでありたいと願う。青春出版社は本年創業五〇周年を迎えた。これはひとえに長年に亘る多くの読者の熱いご支持の賜物である。社員一同深く感謝し、より一層世の中に希望と勇気の明るい光を放つ書籍を出版すべく、鋭意志すものである。

平成一七年

刊行者　小澤源太郎

著者紹介

岡野雅行〈おかの　まさゆき〉

1933年東京都墨田区生まれ。45年、向島更正国民学校卒業。社員5人の町工場・岡野工業株式会社を経営、代表社員を名乗る。「誰にもできない仕事」と「安すぎて人が敬遠する仕事」をモットーとし、針穴の直径が0.08ミリという世界一細い「痛くない注射針」の量産化や、携帯電話の小型化に貢献したリチウムイオン電池ケースにより、「世界一の職人」「金型の魔術師」として知られる。NASAをはじめ世界的大企業からも注文が押し寄せるなか、これまで家電、パソコン機器、医療機器など多くの金型をつくる。2004年、旭日雙光章を受章、いまもバリバリの現役である。著書に『人生は勉強より「世渡り力」だ!』などがある。

心《こころ》が折《お》れない働《はたら》き方《かた》

青春新書 INTELLIGENCE

2011年12月15日　第1刷

著者　岡《おか》野《の》雅《まさ》行《ゆき》

発行者　小澤源太郎

責任編集　株式会社プライム涌光

電話　編集部　03(3203)2850

発行所　東京都新宿区若松町12番1号 〒162-0056　株式会社青春出版社

電話　営業部　03(3207)1916　振替番号　00190-7-98602

印刷・図書印刷　製本・ナショナル製本

ISBN978-4-413-04344-1